Auf die süße Tour

Auf die süße Tour

Die besten Backrezepte
der **hr4**-Hörer

Zusammengestellt von
Angelika Bork und Tobias Hagen

Eichborn.

Servicethemen sind einer der beliebtesten Schwerpunkte
im Programm von hr4.

Fachjournalistin und Ernährungsexpertin Angelika Bork
berichtet täglich über aktuelle Trends, gibt Tipps für den
Einkauf und empfiehlt den Hörern die schönsten Rezepte
für frische, saisonale Produkte.

Tobias Hagen moderiert im täglichen Programm
von hr4 und bei vielen öffentlichen Veranstaltungen.
Er konzipiert Höreraktionen und entwickelte die Idee
für »Das Goldene Backblech«.

1 2 3 4   04 03 02

© Eichborn AG, Frankfurt am Main, Juli 2002
Lektorat: Oliver Thomas Domzalski
Umschlaggestaltung: Moni Port
Umschlagfotografie: © zefa
Satz und Layout: Oliver Schmitt, Mainz
Foodfotografie: Alexander Carroux, Fotodesigner BFF
Druck und Bindung: Artes Gráficas Toledo
ISBN 3-8218-3766-7

Verlagsverzeichnis schickt gern:
Eichborn Verlag AG, Kaiserstr. 66, D-60329 Frankfurt am Main
www.eichborn.de

Unser Erfolgsrezept

Man nehme: Viel melodiöse Musik, aktuelle Informationen, Tipps, Servicethemen und beliebte Höreraktionen wie »Das goldene Backblech«. Fertig ist hr4, das Radioprogramm, das Sie den ganzen Tag über begleitet – präsentiert von sympathischen Moderatoren.

Inhalt

Rezepte mit Brandteig, Hefeteig und Lebkuchen ... 65

Rezepte mit Mürbeteig ... 89

Rezepte mit Rührteig   … 125

Vorwort

Was gibt es Schöneres, als wenn der Duft von frisch gebackenem Kuchen durch die Wohnung oder durch das Haus zieht! In Gedanken werden Erinnerungen wach an unsere Kindheit. Wenn Mutter oder Großmutter einen großen Blechkuchen im Herd hatte und wir es kaum erwarten konnten, in das erste Stück zu beißen. Oder wenn in der Vorweihnachtszeit der Stollen aus dem Ofen kam – und wir versprechen mussten, dass wir bis zum Weihnachtsfest auch wirklich nicht davon naschen werden. Na ja, wer hielt sich schon so genau daran? Irgendwo und irgendwann entdeckten wir den eingewickelten Laib ja doch. Und nur zu schnell war dann – lange vor Weihnachten – schon das erste Stückchen herausgebrochen.

Das Backen hat, mehr noch als das Kochen, mit Tradition und Erinnerungen zu tun. Backrezepte aus Großmutters oder Urgroßmutters Tagen werden zu Hause aufbewahrt, gehütet wie ein Familienschatz und stolz den staunenden Freunden und Bekannten gezeigt: »Man nehme 15 Eier, ein Pfund gute Butter …«. Na ja, den Gesichtspunkten moderner Ernährungswissenschaft werden viele dieser Rezepte nicht eben gerecht. Aber wer will beim Backen schon auf die Vernunft achten? Schließlich spricht man nicht umsonst von den »süßen Sünden«.

Die schönsten »Sünden« der Hörer von hr4 haben wir aus Einsendungen zu unserem Wettbewerb »Das Goldene Backblech« aus den Jahren 2000 und 2001 in diesem Buch für Sie zusammengestellt. Es sind traditionelle Rezepte dabei und innovative, Rezepte für wahre Kalorienbomben und solche, bei denen man sich auch gerne mal zwei Stückchen gönnen kann. Wir haben die Rezepte nach den verwendeten Teigarten für Sie geordnet. Dazu finden Sie am Anfang eines jeden Kapitels ein Grundrezept. Interessante Ernährungs-Informationen und eine kleine Geschichte des Kaffees und der Caféhäuser runden dieses Buch ab. Wir wünschen Ihnen viel Spaß beim Lesen und natürlich beim Nachbacken.

Angelika Bork und Tobias Hagen

Geschichten vom Kaffee und den Cafés

Um die Herkunft des Kaffees ranken sich verschiedene Legenden. Die wohl bekannteste besagt, dass die Tiere eines Klosters im Jemen maßgeblich an der Entdeckung der Kaffeepflanze beteiligt gewesen sein sollen. Dem Prior fiel auf, dass sie nächtelang nicht schliefen und stattdessen ohne Pause wie aufgezogen hin und her hüpften. Er dachte, die Ursache für dieses merkwürdige Verhalten in ihrem Futter finden zu können. Und tatsächlich entdeckte er an der Stelle, wo die Tiere immer grasten, eine merkwürdige strauchartige Pflanze, die dunkelrote Kirschen trug. Im Kloster braute der Prior aus den festen Kernen einen Sud und trank ihn. Und wie seine Tiere brauchte auch er plötzlich keinen Schlaf mehr und fühlte sich dennoch angeregt und zufrieden.

Europa erreichten die ersten Kaffeebohnen im 16. Jahrhundert. Und der Legende nach soll die Ehefrau eines Kaufmannes aus Merseburg 1631 den ersten Kaffee aufgebrüht haben. Über ihren Versuch müssen aber buchstäblich die Hühner gelacht haben, denn sie soll das Getränk doch tatsächlich mit Hühnerbrühe angesetzt haben.

Ausgerechnet ein Brite ging dann als einer der ersten regelmäßigen Kaffeetrinker in die Geschichte ein. Der Arzt Professor William Harvey hatte als Student in Padua das anregende Getränk kennen gelernt und schätzte fortan auch in seiner Heimat das eine oder andere Tässchen.

Dennoch war der Kaffee damals keineswegs nur das Getränk der wohlhabenden und der gebildeten Schichten. In Londoner Kaffeeschänken konnte die Arbeiter für 1 Penny Kaffee trinken, in Wien kostete er um 1685 einen Kreuzer, und auch in Deutschland setzte man sich immer häufiger bei einer Tasse Kaffee zusammen.

Die Freude am Kaffeegenuss währte aber nicht lange. Denn bald schon wurde der Kaffee als neumodischer Luxus aus dem Ausland gebrandmarkt. Gegen die im Volke aufgeflammte »Coffeomanie« erließ man Verbote mit geradezu drakonischen Strafandrohungen. So wurde beispielsweise den Betreibern von Kaffeeschänken, die unerlaubt mehr als 50 Pfund Kaffee einführten, mehrere Jahre Zuchthaus angedroht. In Wahrheit ging es dabei aber weniger um die Moral des Volkes und schon gar nicht um Ernährungsfragen. Mit diesen Gesetzen wollte man schlicht und einfach die heimische Genussmittelwirtschaft schützen vor dem gewinnbringenden Import von Kaffeebohnen.

Wenn in der Folge so mancher Kaffeesack »von Amts wegen« konfisziert wurde, hatte dies aber auch noch andere Gründe. Waren doch die Bohnen zugleich ein willkommenes Besteuerungsgut, um das leere Staatssäckel aufzufüllen. Friedrich der Große entwickelte eine erstaunliche Perfektion darin, den Import und das Rösten von Kaffee als Staatsmonopol einzurichten. Mit Hilfe französischer Spezialisten baute er im Jahr 1766 ein Steuer- und Zollsystem auf, das beispielhaft war. Und gegen den Kaffeeschmuggel stattete er seine Zöllner mit beinahe uneingeschränkten Vollmachten aus.

Die Geschichte aber zeigt, dass Zwang und die Androhung von Strafen häufig das Gegenteil bewirken. Und so markierte das Monopol Friedrichs des Großen den Höhepunkt und das Ende dieser Kaffee-Erlasse zugleich.

Setzte sich doch mit der Zeit immer mehr die Einsicht durch, dass man den Zorn des Volkes durch Verbote oder Einschränkungen von Genussmitteln nicht all zu sehr provozieren sollte.

In der letzten Zeit bekommt die klassische »Tasse Kaffee« Konkurrenz von Espresso, Cappuccino, Café Latte und anderen Kaffeespezialitäten. In den Fußgängerzonen unserer Städte locken immer mehr Espressobars mit italienischem Flair. Und in manchen Küchen hat der eigene Espressoautomat schon längst die Kaffeemaschine ersetzt.

Mit dem »hr4-Tanztee« lassen wir die Tradition der nachmittäglichen Tanztees in den schicken Hotels und Cafés wieder aufleben. Da kann man gemütlich beisammensitzen bei Kaffee und Kuchen und zu den schönsten Melodien aus der Zeit der großen Caféhäuser tanzen. Wir sprechen da immer gerne von der »längst vergangenen Zeit«. Aber welche Zeit meinen wir damit? Tatsächlich wurde über den Verlust der Caféhauskultur schon im 18. Jahrhundert geklagt. Und eigentlich wusste niemand so genau, was er denn da genau beklagte. Denn »das« Caféhaus gibt es eigentlich nicht. So hat das orientalische Caféhaus etwa wenig gemein mit unserer Vorstellung von Caféhausflair. Es ist oft nur ein Bretterverschlag mit einer winzigen Kaffeeküche, in dem Männer die Zeit mit Rauchen und Spielen vergehen lassen.

Und im Berlin des frühen 20. Jahrhunderts wärmten sich vor allen Dingen Droschkenführer in sogenannten »Kaffeeklappen«, kleinen Schenken, die meist im Souterrain von großen Wohnhäusern lagen.

Das Wiener Caféhaus hingegen erhielt seinen Ruf als Anziehungspunkt für Künstler, Literaten und Politiker, nicht selten skurrile, schräge Gestalten, die dort fast den ganzen Tag bei einem Einspänner und einem Glas Wasser verbrachten. Im Wiener »Café Central« etwa schrieben Anton Kuh, Alfred Polgar und Egon Fridell ihre Werke. Aber es war auch Treffpunkt für leidenschaftliche Schachspieler wie den russischen Revolutionär Trotzky. Ausgelöst durch die Wiener Weltausstellung entstanden schließlich in ganz Europa Einrichtungen nach dem Vorbild der Wiener Cafés.

»In einer kleinen Konditorei da saßen wir zwei …« Mit diesem Text beginnt ein Schlager des gebürtigen Wiener Komponisten Fred Raymond, den Anfang der 30er-Jahre die Spatzen von den Dächern pfiffen. Und mit dieser Melodie beginnen auch unsere hr4-Tanztees, bei denen wir die interessantesten Backrezepte unserer Hörer präsentieren. Diese Konditoreien, wie wir sie auch heute kennen, entstanden am Beginn des 19. Jahrhunderts. Erst als auch Konditoren die Genehmigung erhielten, Kaffee auszuschenken, konnte man sich dort zu Kaffee und Kuchen treffen oder, wie man früher sagte, »konditern gehen«.

Besonders in den Städten haben sich Cafés, Kneipen und Restaurants inzwischen stark vermischt. Kaum ein Café, in dem man nicht auch ein Schnitzel oder einen Salat bestellen kann. Szenekneipen bieten vom Frühstück über Kaffee und Kuchen bis zum spätabendlichen Cocktail die komplette gastronomische Palette an. Und wer keine Zeit hat, der kann sich seine »Kaffeestückchen« beim Tanken an der Tankstelle kaufen.

Die vielen Rezepte, die wir zu unseren Backwettbewerben erhielten, zeigen, dass deswegen das Backen daheim noch längst nicht passé ist. Mindestens zu den Familienfesten kommen die selbst gebackenen Kuchen und Torten auf den Tisch. Und gerade auf dem Land pflegen viele Vereine die »Kaffeekränzchen«, zu denen hausgemachtes Backwerk mitgebracht wird. Die Tradition dieser Kaffeekränzchen geht übrigens bis in das 16. Jahrhundert zurück. Man traf sich anfänglich zu musikalischen Darbietungen oder zum gemeinsamen Kartenspiel, später einfach nur noch zum Kaffeeklatsch. Dabei trugen die Gastgeber dieser nachmittäglichen Runden tatsächlich kleine Kränze auf dem Kopf. Wer von den Gästen das Kränzchen vom Gastgeber überreicht bekam, der musste die nächste Einladung aussprechen. Und wenn Sie demnächst Gäste zum Kaffeekränzchen erwarten, dann überraschen Sie die doch einfach mal mit einem Rezept aus diesem Backbuch …

Rezepte mit Biskuitteig

Über den Biskuitteig

Der Biskuitteig hat schon so manche Hausfrauen und Haus-
männer zur Verzweiflung gebracht: Der Boden wollte und wollte
im Ofen einfach nicht aufgehen. Für viele unserer Rezepte
brauchen Sie aber einen hohen Boden, den Sie dann in mehrere
gleich große Platten schneiden können. Gerade deshalb ist
es wichtig, dass Sie den Teig sorgfältig zubereiten und dass das
Eiweiß beim Unterheben nicht zerfällt. Etwas Backpulver hilft
außerdem. Als Beispiel für einen Biskuitteig nehmen wir das
Rezept von Elke Wilhelm (Seite 26). Danach erklären wir Ihnen
noch kurz, wie man eine Biskuitrolle macht.

Zutaten

6 Eigelb
6 Eiweiß
1 Päckchen Vanillinzucker
½ Päckchen Backpulver
180 g Zucker
3 EL heißes Wasser
120 g Mehl
80 g Speisestärke

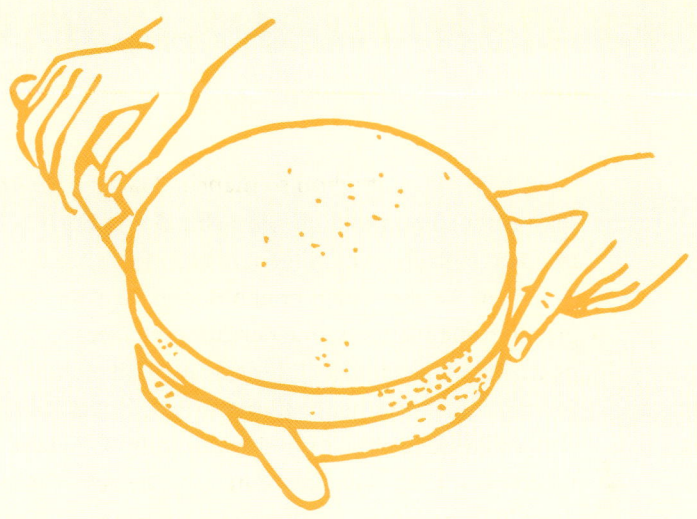

Zubereitung 	Die Eier in Eiweiß und Eigelb trennen. Das Eiweiß mit der Küchenmaschine fest schlagen und kühl stellen. Eigelb und Vanillinzucker mit dem Wasser cremig rühren. Nach und nach den Zucker dazugeben. Speisestärke, Mehl und Backpulver auf einen Haufen sieben und unter die Eigelbmasse rühren. Dann vorsichtig den Eischnee unterheben. Den Boden einer Springform mit Backpapier auslegen. Die Ränder einfetten. Den Backofen auf 180 Grad vorheizen. Etwa 20 bis 30 Minuten backen. Stäbchenprobe machen: Der Teig darf am Holz nicht kleben bleiben.
Zubereitung Biskuitrolle 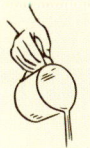	Für eine Biskuitrolle legen Sie anstatt der Springform ein Backblech mit Backpapier aus. Streichen Sie darauf dann den wie oben zubereiteten Teig etwa ½ cm dick zu einer rechteckigen Form aus. Schieben Sie das Blech in den auf ca. 200 Grad vorgeheizten Backofen. 10 bis 15 Minuten hellbraun backen. Blech rausnehmen. Den Teig mit einem Geschirrtuch bedecken, vorsichtig wenden und auf den Tisch legen. Das Backpapier abziehen. Den Teig erkalten lassen und nach Anweisung füllen. Dann mit dem Tuch an einer Seite vorsichtig anheben und zusammenrollen. Wie im Rezept beschrieben verzieren.

● **Gertrude Schleer, Friedberg**

Dobosch-Torte

Zutaten

Für den Teig
7 Eier
7 gestrichene EL Zucker
7 gestrichene EL Mehl
Butter für die Form
Vanillinzucker

Für die Creme
15 EL Zucker
5 ganze Eier
1 EL Kakao
100 g Schokolade
125 g Butter

Für die Glasur
170 g Zucker
etwas Butter

Zubereitung

Eier trennen. Dotter, 3 EL Zucker und Vanillinzucker cremig rühren. Danach Eiweiß mit dem restlichen Zucker zu Schnee schlagen und mit dem Mehl unter die Eigelbmasse heben.

Ein Blech mit gefettetem Backpapier auslegen. Darauf sechs je 5 mm dünne Teigteile streichen. Bei 210 Grad ca. 10 Minuten goldbraun backen, heiß vom Backpapier lösen und auskühlen lassen.

Schokoladencreme: Zucker und Eier im Wasserbad zu einer Creme rühren, bis sie dicklich wird. Kakao dazugeben und weiter erhitzen, Schokolade und Butter hinzufügen und rühren, bis die Creme kalt ist. Die schönste Tortenplatte aussuchen und beiseite legen. Die restlichen Platten jeweils mit der Creme bestreichen und übereinander legen.

Glasur: Zucker auf kleiner Flamme unter ständigem Rühren schmelzen, Butter hinzufügen. Auf das vorbereitete Doboschblatt streichen und sofort mit einem eingeölten Messer in Stücke schneiden, nach dem Erkalten auf die Torte legen.

● **Marion Wüst, Fischbachtal**

Brombeer-Birnen-Sahne

Zutaten

Für den Teig	**Für die Füllung**
3 Eidotter	500 g Brombeeren
3–4 EL warmes Wasser	Saft einer Zitrone
225 g Zucker	½ l Birnensaft
1 Päckchen Vanillinzucker	75 g Zucker
225 g Mehl	45 g Speisestärke
3 schwach gehäufte TL Back-	10 Blatt weiße Gelatine
pulver	600 g Schlagsahne

Zubereitung

Biskuit herstellen und bei 180 Grad 40 Min. backen. Teig auskühlen lassen. Den Rand der Form entfernen. Teig in drei gleichgroße Böden schneiden. Einen Boden mit dem Messer in kleine Würfel schneiden. Die beiden anderen Böden beiseite stellen.

Brombeeren, Zitronensaft, ¼ l Birnensaft mit dem Zucker kurz aufkochen, mit Speisestärke andicken.

Gelatine im Wasserbad auflösen und zum restlichen Birnensaft geben. Etwas gelieren lassen. Sahne steif schlagen und mit den Teigwürfeln unter den Birnensaft heben.

Auf einer Tortenplatte dem Boden einen Tortenring umlegen und zuerst die Brombeermasse verteilen. Darauf die Birnen-krümelmasse. Zum Schluss den Deckelboden aufsetzen und mit Puderzucker bestreuen.

● **Else Preisigke, Heringen**

Annika-Torte

Zutaten

Für den Teig

4 Eier
4 EL Zucker
3 EL Wasser
1 Päckchen Vanillinzucker
1 Puddingpulver Vanille
1 EL Mehl
½ Päckchen Backpulver

Für die Füllung

1 Dose Williams Birne
2 EL Birnengeist
1 Tafel Bitterschokolade
6 Blatt Gelatine
2 Becher süße Sahne
3 EL Aprikosenkonfitüre

Zum Bestreichen der fertigen Torte

200 g süße Sahne
2 Blatt Gelatine
50 g Bitterschokolade

Zubereitung

Das Eiweiß von 4 Eiern zu Schnee schlagen und kalt stellen. Eigelb, Vanillinzucker mit dem Wasser cremig rühren und nach und nach den Zucker dazugeben. Puddingpulver, 1 EL Mehl und das Backpulver durchsieben und unter die Masse heben, anschließend locker den Eischnee dazugeben. Den Teig in eine mit Backpapier ausgelegte Springform geben und ca. 20–30 Minuten backen (Heißluft ca. 180 Grad).

Für die Füllung die Birnen auf einem Sieb abtropfen lassen, anschließend mit dem Birnenbrand beträufeln und zugedeckt bis zur Weiterverarbeitung ziehen lassen.

Die Tafel Bitterschokolade im Wasserbad langsam zerlaufen lassen, die Gelatine einweichen und auflösen. Die süße Sahne mit etwas Zucker steif schlagen und kalt stellen.

Inzwischen ist der Boden gebacken und nach kurzer Abkühlung wird er halbiert, die obere Hälfte wird vorsichtig in eine Schüssel mit kuppelartigem Boden gedrückt; so entsteht die schöne Kegelform der Torte. Die Birnen noch mal abtropfen lassen und gleichmäßig in die Kegelform verteilen. Nun wird die geschmolzene lauwarme Schokolade vorsichtig unter die geschlagene Sahne gehoben und gleichzeitig auch die Gelatine dazugerührt. Die Masse kommt nun auf die Birnen.

Zum Schluss wird der verbliebene Boden mit Aprikosenkonfitüre bestrichen und auf die Sahnemasse gegeben. Das Ganze für ca. 3 Stunden kalt stellen, dann kann die Torte gestürzt werden. Teil 3, nämlich noch mal Sahne, Schokolade und Gelatine, zubereiten wie zuvor und die Kuppeltorte damit bestreichen. Sie kann mit Schokoladenblättchen bestreut werden, sieht aber auch gut aus, wenn man mit einem Bindfaden die Stücke nur andeutet. Natürlich lässt man, wenn Kinder an der Tafel teilnehmen, den Alkohol weg. Die Birnen kann man dann einfach mit Vanillinzuckcr odcr Granatapfelsaft aromatisieren.

● **Elke Wilhelm, Saulheim**

Himbeer-Mascarpone-Torte

Zutaten

Für den Biskuitboden	Für die Mascarponecreme
6 Eigelb	750 g Mascarpone
180 g Zucker	1 kg Speisequark (20 %)
1 Päckchen Vanillinzucker	150 g Zucker
6 Eiweiß	2 TL Vanillinzucker
120 g Mehl	10 EL Himbeeren
80 g Speisestärke	Saft von 2 Zitronen
½ Päckchen Backpulver	2 Pakete Himbeeren
	1 roter Tortenguss
	1 Becher Sahne

Zubereitung

Eigelb mit Hälfte des Zuckers und Vanillinzucker gut schaumig rühren. Eiweiß zu Schnee schlagen. Wenn er eine weiche, flaumige Konsistenz hat, restlichen Zucker einrieseln lassen und weiter schlagen, bis der Eischnee steif ist. Eischnee auf die Eigelbmasse geben und mit Rührlöffel unterheben.

Mehl mit Speisestärke über Eiermasse sieben und wieder mit Rührlöffel unterziehen. Teig in eine nur am Boden gefettete Springform füllen und ca. 20–25 Minuten auf mittlerer Schiebeleiste bei 180 Grad backen. Nach Abkühlung 2 x durchschneiden.

Mascarpone, Quark, Zitronensaft, Zucker und Vanillinzucker verrühren. Himbeeren pürieren und durch ein Sieb streichen, anschließend unter die Creme rühren. Creme auf 2 Böden streichen und aufeinander setzen. Restliche Creme außen herum streichen.

Quark, Mascarpone, Philadelphia und Co.

- *Speisequark,* in Österreich Topfen genannt, wird als Magerquark mit 1 % Fett i. Tr. oder mit 20–40 % Fett i. Tr. angeboten. Der Eiweißgehalt ist im Vergleich zum Fett hoch. Deshalb ist Magerquark eher krümelig und trocken.

- *Mascarpone* stammt aus Italien. Dazu wird 30 %ige Sahne auf 90 Grad erhitzt und mit Zitronensaft oder Zitronensäurelösung zum Gerinnen gebracht. Der weißliche bis strohgelbe sahnige Frischkäse ist kompakt und streichfähig. Ideal für sahnige Torten und Desserts mit Obst.

- *Ricotta* wird aus der Molke hergestellt, die bei der Schafmilchkäserei anfällt. Heute bieten Geschäfte immer häufiger Ricotta vaccina aus Kuhkäsemolke an. Ricotta ist ein fein geschmeidiger, ausdrucksstarker Frischkäse, der gut mit Zitronen und Orangen harmoniert.

- *Schichtkäse:* In Fettstufen zwischen 10 und 60 % Fett i. Tr. Sahneschichtkäse mit 60 % Fett wird Sahne zugegeben. Schichtkäse verdankt seinen Namen dem geschichteten Teig, der durch das Schöpfen der Gallerte (molkenähnliche Flüssigkeit) entsteht. Sein milchsäuerlicher, mattglänzender Teig ist ideal für Käsekuchen.

- *Frischkäse* hält sich nicht lange.

- *Rahmfrischkäse* enthält mindestens 50 % Fett.

- *Doppelrahmfrischkäse:* mindestens 60 % i. Tr. Beide haben einen mild säuerlichen und leicht salzigen Geschmack. In Großbritannien heißen sie Single cream cheese oder Double cream cheese. Der bekannteste Cream cheese wurde Ende des 19. Jahrhunderts entwickelt und unter dem Namen »Philadelphia« verkauft. Manchmal gemischt mit Erdbeeren.

Auf die oberste Schicht Creme Himbeeren verteilen (bis auf 16 Stück zur Verzierung) und anschließend 1 Tortenguss nach Packungshinweis zubereiten und darüber gießen. Nach Erkalten mit Sahnetupfen verzieren und jeweils 1 Himbeere darauf setzen.

● **Anni Wind, Rodgau**

Möhrentorte

Zutaten

Für den Teig

6 mittelgroße Eier
200 g Zucker
250 g Möhren fein gerieben
1 EL Kirschwasser
1 gehäufter Kaffeelöffel Zimt
Schale von einer Zitrone
250 g gemahlene Mandeln
    oder Haselnüsse
50 Gramm Kartoffelmehl
    oder Mondamin vermischt
    mit etwas Backpulver

Für die Dekoration
Schokoladenkuvertüre
Weiße Schokoladenraspeln

Zubereitung

Zarte Möhren waschen, abtrocknen und reiben. Eier mit Zucker gut schaumig rühren. Nüsse-Mehl-Mischung und die Möhren locker unterheben. Mit der Zitronenschale, Kirschwasser und Zimt verfeinern.

Bei 250 Grad etwa 50–60 Minuten backen. Den Kuchen aus der Springform nehmen und abkühlen lassen.

Die Torte mit Schokoladenkuvertüre überziehen und mit weißen Schokoladenraspeln verzieren.

Siegerrezept Oktober 2000

● **Dr. Rainer Hill, Offenbach**

Bananen-Schoko-Sahnetorte

Zutaten

200 g Zucker
6 Eier
2 Päckchen Vanillinzucker
3 Tropfen Arrakaroma
1 ½ Tafeln Zartbitterschokolade
1 Tafel Vollmilchschokolade
200 g gemahlene Haselnüsse
5 – 6 Bananen
½ – ¾ Liter süße Sahne
2 Päckchen Sahnesteif
Mandelblättchen

Zubereitung

Von der süßen Sahne 3 EL abnehmen und beiseite stellen.
Vom Zucker einen gestrichenen Esslöffel abnehmen und beiseite
stellen. Eier mit dem restlichen Zucker und einem Päckchen
Vanillinzucker und dem Arrakaroma etwa 10 Minuten mit dem
Handrührer schaumig schlagen.

Jeweils ½ Tafel Zartbitter- und Vollmilchschokolade bei wenig
Hitze schmelzen. In die Eiercreme rühren. Haselnüsse zugeben
und unterrühren. In eine gefettete 28 cm große Springform geben.
Bei 160 Grad im Umluftofen (ohne Umluft 180 Grad) etwa
40 Minuten backen (Hölzchenprobe!)

Bananen schälen, halbieren und auf dem ausgekühlten Boden verteilen. Sahne mit Sahnesteif, Vanillinzucker und Zucker steif schlagen und auf den Bananen verteilen.

Restliche Schokolade mit der restlichen Sahne schmelzen, mit dem Handrührer leicht cremig verrühren und etwas abkühlen lassen. Auf der Sahne verteilen. Im Kühlschrank gut durchkühlen lassen. Tortenring abnehmen.

Den Rand mit Mandelblättchen verzieren. Die Schokoladenoberfläche evtl. mit Sahnetupfen garnieren.

● **Hildegard Drebing, Darmstadt**

Rumbombe

Zutaten

Für den Biskuitboden

5 Eigelb
5 Eiweiß (zu Schnee schlagen)
250 g Zucker
4 EL kaltes Wasser
1 Päckchen Vanillinzucker
250 g Mehl
1 TL Backpulver

Für die Creme

¼ l Milch
150 g Zucker
1 Päckchen Vanillinzucker
2 Eier
30 g Butter
8 EL 80%igen Rum
200 g weiche Butter

Für den Belag

Aprikosenmarmelade
1 Päckchen Marzipan
50 g Puderzucker
2 Päckchen Schokoladenglasur

Zubereitung

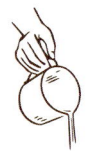

Eigelb, Zucker, Vanillinzucker und Wasser zu einer schaumigen Masse verrühren. Dann den steif geschlagenen Eischnee und das mit Backpulver gemischte Mehl unterheben. Den Boden einer runden Backform mit Backpapier auslegen, die Teigmasse in die Form füllen und alles bei mittlerer Hitze bei 175 Grad ungefähr 30 bis 40 Min. backen. Erkalten lassen!

Für die Creme Milch, Zucker, Vanillinzucker, Eier und Butter in einen Topf geben. Gut durchschlagen. Auf den Herd stellen und eine Minute aufkochen. Im Wasserbad erkalten lassen und danach die 8 EL Rum unterrühren. Die weiche Butter schaumig rühren, die erkaltete Rumcreme esslöffelweise unter die Butter rühren, bis sich alles zu einer glatten Masse verbunden hat.

Den abgekühlten Biskuitboden 2-mal durchschneiden. Der erste Boden wird mit Aprikosenmarmelade bestrichen. Die restlichen 2 Böden schneidet man in kleine Würfel und hebt sie unter die Rumcreme. Die Crememasse wird auf den mit Aprikosenmarmelade bestrichenen Boden gegeben und glatt gestrichen (wie eine Kuppel). Darüber kommt eine Marzipandecke.

1 Päckchen Marzipan, Puderzucker und evtl. Lebensmittelfarbe verkneten. Mit Frischhaltefolie ausrollen und über die Rummasse legen und andrücken.

Nun wird alles mit 2 Päckchen Schokoladenglasur überzogen. Verzieren je nach Anlass.

Die Rumbombe soll mind. 2 – 3 Tage zugedeckt im Kühlschrank durchziehen. Erst dann servieren.

● **Anita Kremer, Butzbach**

Erdbeer-Charlotte

Zutaten

Für den Boden

125 g Butter
50 g Zucker
1 Päckchen Vanillinzucker
175 g Mehl
1 Messerspitze Backpulver

Für den Biskuitboden

2 Eier
½ Tasse Wasser
125 g Zucker
125 g Mehl
2 gestr. TL Backpulver

Sonstige Zutaten

225 g Erdbeerkonfitüre
500 g Erdbeeren
5 EL Zucker
500 g Sahnequark
150 g Joghurt
8 Blatt Gelatine
2 Becher süße Sahne
Pistazien und Schokoraspeln

Zubereitung

Einen Mürbeteigboden backen und anschließend mit Konfitüre bestreichen. Einen Biskuitboden backen und teilen. Eine Hälfte auf den ersten Boden legen. Ring umlegen.

Erdbeeren pürieren. Quark mit Joghurt, Erdbeerpüree und Zucker verrühren. Aufgelöste Gelatine unterziehen. Sahne steif schlagen und unterheben. Masse auf den Biskuit füllen und glatt streichen. Zweiten Biskuitboden auflegen.

Im Kühlschrank mindestens 3 Stunden gut durchkühlen lassen. Mit Sahne garnieren und mit Pistazien sowie Schokoraspeln verzieren.

● **Käte Hauff, Bad Nauheim**

Bunter Sommerhut

Zutaten

Für den Teig

6 Eier
100 g Zucker
1 Päckchen Vanillinzucker
100 g Mehl
100 g Speisestärke
Fett und Mehl für die Form
Backpapier

Sonstige Zutaten

3 EL Aprikosenkonfitüre
evtl. 5 EL Rum
6 EL Orangensaft
100 g Himbeeren
2 Blatt weiße Gelatine
300 – 400 g Schlagsahne
ca. 5 EL Kokosraspeln

Für die Dekoration

100 g Marzipan-Rohmasse
50 g Puderzucker
rote und grüne Speisefarbe
Erdbeeren, Aprikosen,
    Himbeeren, Trauben,
    Limette und Melisse zum
    Verzieren

Zubereitung

Springform (28 cm) mit Backpapier auslegen. Napfkuchenform
(16 cm, ca. 1 l Inhalt) fetten und mit Mehl ausstreuen. Eier trennen,
Eiweiß steif schlagen, dabei Zucker und Vanillinzucker einrieseln
lassen und weiter schlagen, bis er sich gelöst hat. Eigelb einzeln
darunter schlagen. Mehl und Stärke darauf sieben und unterheben.

Die Hälfte der Masse in die Springform füllen und glatt streichen
und die andere Hälfte in die Napfform füllen. Beides im heißen
Ofen (E-Herd 175 Grad, Umluft: 150 Grad, Gas: Stufe 2)
ca. 35 Min. backen. Springform nach ca. 20 Minuten herausneh-
men. Beide Kuchen aus der Form nehmen und auskühlen lassen.

Napfkuchen unten evtl. flach anschneiden. Unterseite mit Konfitüre bestreichen. Beide Kuchen zum Hut zusammensetzen. Rum und Orangensaft mischen. Hut damit beträufeln. Himbeeren waschen, abtupfen und in den Hohlraum füllen.

Gelatine einweichen, Sahne steif schlagen, Gelatine ausdrücken und bei schwacher Hitze auflösen.

Etwas Sahne unter die Gelatine rühren, dann unter die restliche Sahne ziehen. Hut mit der Sahne einstreichen, Hohlraum dabei verschließen. Mit Kokosraspeln bestreuen.

Für die Kordel Marzipan und Puderzucker verkneten.
Eine Hälfte mit roter, andere Hälfte mit grüner Speisefarbe färben.
2 lange, dünne Rollen formen, umeinander zu Kordeln drehen.
Hut mit Kordel, Früchten und Melisse verzieren. Bis zum Verzehr kühlen.

● **Ursula Philipp, Kreuztal**

Johannisbeerkuchen auf dem Blech

Zutaten

Für den Teig

3 Eigelb

5–6 EL warmes Wasser

150 g Zucker

1 Päckchen Vanillinzucker

3 Eiweiß

100 g Weizenmehl

50 g Speisestärke

1 gestrichener TL Backpulver

Für den Belag

1 kg frische oder gefrorene
   Johannisbeeren

2 Päckchen rote Grütze
   zum Kochen

4–5 Becher süße Sahne

3–4 Päckchen Sahnesteif

Butterkekse

Rum

Puderzucker

Saft einer Zitrone

Zubereitung

Die Zutaten für den Teig verarbeite man zu einem Biskuitteig, streiche den Teig auf ein gefettetes Backblech und backe ihn 10–15 Min. auf 200 Grad hellbraun. Dann koche ich wie auf dem Päckchen vorgeschrieben die rote Grütze.

Nach dem Aufkochen hebe ich die Johannisbeeren darunter und fülle die Masse dann auf den gebackenen Teig. Im Kühlschrank kalt stellen.

Dann schlage ich die Sahne mit Sahnesteif und Zucker und streiche sie auf die erkaltete Johannisbeerenmasse. Danach fülle ich etwas Rum in eine Untertasse, drehe einzeln die Butterkekse darin und setze sie hintereinander auf die Sahne. Dann presse ich die Zitrone aus, erhitze den Saft und rühre den Puderzucker darunter. Mit dem Guss wird dann jeder Butterkeks bestrichen.

● **Jutta Bröll, Mainz-Kastel**

Aprikosen-Mascarpone-Charlotte

Zutaten

Für den Teig

4 Eier
4 EL warmes Wasser
120 g Zucker
60 g Mehl
60 g Speisestärke
1 Messerspitze Backpulver
1 Päckchen Vanillinzucker
abgeriebene Zitronenschale

Sonstige Zutaten

200 g Aprikosenkonfitüre
6 Blatt Gelatine
2 Dosen (à 425 ml) Aprikosen
500 g Mascarpone
150 g Vollmilch-Joghurt
10 EL Eierlikör
100 g Schlagsahne
1 EL Pistazien

Zubereitung

Aus den Zutaten eine Biskuitrolle herstellen. Backzeit: 200–220 Grad, 12–15 Minuten. Kuchen auf ein feuchtes, mit Zucker bestreutes Geschirrtuch stürzen.

Konfitüre erhitzen und Biskuit damit bestreichen. Längs aufrollen und auskühlen lassen.

Biskuit in 18 Scheiben ca. 2 cm breit schneiden. Rand einer Springform (26 cm) auf eine Tortenplatte setzen und Scheiben an den Rand und auf den Boden legen.

Gelatine einweichen; Aprikosen abtropfen; 175 ml Saft abmessen. Aprikosen bis auf 10 Stück würfeln. Mascarpone, Joghurt, Likör, Saft und 75 g Zucker verrühren. Gelatine auflösen und unterrühren, Fruchtwürfel unterheben. Alles in die Form füllen. 3 Stunden kühlen. Mit Sahnetuffs, Pistazien und Aprikosen verzieren.

● **Renate Ulrich, Steinau a. d. Str.**

Renate Ulrichs Nougattorte

Zutaten

Für den Teig

4 Eier, getrennt
4 EL warmes Wasser
125 g Zucker
1 Prise Salz
75 g Nougatmasse
50 g Margarine
75 g Mehl
50 g Speisestärke
1 TL Backpulver

Für die Füllung

25 g Zucker
500 ml Sahne
4 Blatt weiße Gelatine
30 g gehackte Walnüsse
4 EL Rum

Für den Guss

25 g Palmin
125 g Nougatmasse
30 g gehackte Pistazien
50 g Marzipanmasse
wenig Zuckerwasser

Zubereitung

Eigelb mit Wasser, Zucker und Salz dick schaumig schlagen. Nougatmasse erwärmen und mit der ebenfalls geschmolzenen, abgekühlten Margarine unter die Eimasse rühren.

Eischnee darauf geben, Mehl, Speisestärke und Backpulver darüber sieben, unterheben und in einer nur am Boden gefetteten Backform (26 cm Springform) 30–40 Minuten bei 175 Grad backen.

Abgekühlt den Teig durchschneiden, den Rum auf die Böden träufeln. Die Sahne mit dem Zucker steif schlagen. Die eingeweichte Gelatine auflösen und unter die Sahne rühren. Die Walnüsse unterheben. Die Torte damit füllen.

Nougat mit Palmin schmelzen und die Torte damit überziehen. Rand mit Pistazien bestreuen. Marzipanmasse ½ cm dick ausrollen, Förmchen ausstechen, auf ein Backblech legen und mit Zuckerwasser bepinseln. Kurz grillen. Die Torte damit belegen.

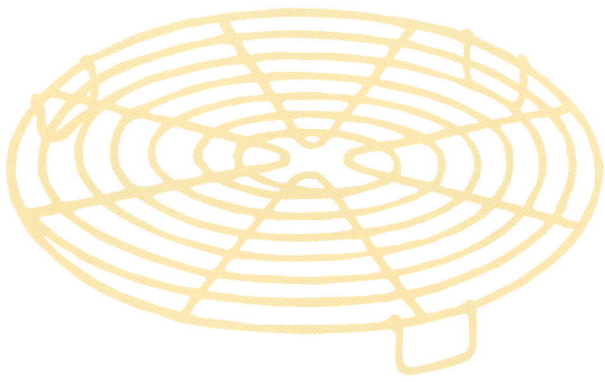

● **Karin Striebl, Eltville**

Cappuccino-Birnentorte mit Pannacottacreme

Zutaten

Für den Teig
7 Eiweiß
150 g Zucker
7 Eigelb
2 Päckchen Vanille-Puddingpulver
150 g Mehl
30–50 g Cappuccinopulver

Für die Füllung
1 kg Pannacotta
800 g Schlagsahne
60 g Cappuccinopulver
2 große Dosen Birnen

Zubereitung

Das Eiweiß steif schlagen und dabei den Zucker einrieseln lassen. Mit dem Schneebesen das geschlagene Eigelb unter den Eischnee ziehen. Mehl, Puddingpulver und Cappuccinopulver mit einem Haarsieb über die Masse sieben und unterheben. In eine Springform füllen und im vorgeheizten Ofen backen (200 Grad, ca. 20 Min.). Den abgekühlten Boden aus der Form lösen und mit dem Tortenmesser einmal durchschneiden. Mit Hilfe des Bäckermeisters (Ausstechform für Gitter) aus dem oberen Boden ein Schmuckgitter zaubern, die Galaxiform wieder um den unteren Boden stellen.

Für die Füllung wird nun die Pannacottacreme etwas glatt gerührt; Schlagsahne steif schlagen und unterheben. Cappuccinopulver ebenfalls unterheben und evtl. 1 Päckchen Vanillinzucker hinzugeben. Die Birnen abtropfen lassen und 2–4 Hälften beiseite legen. Den Rest auf dem unteren Boden verteilen und die Masse darauf verteilen. In die Crememasse kann man die Rauten, die beim Ausstechen des Gitters abfallen, auch noch unterheben. Zum Schluss das Schmuckgitter darauf setzen und mit den restlichen Birnen und Sahnetupfern verzieren.

● **Roswitha Spichal, Weilrod / Taunus**

Möhrentorte mit Zitronenglasur

Zutaten

Für den Teig

275 g geputzte Möhren
5 Eier
100 g Margarine
250 g Zucker
1 Päckchen Zitronenaroma
1 Prise Jodsalz
200 g gemahlene Haselnüsse
1 Päckchen Backpulver
250 g Mehl
2 EL Rum
1 Päckchen Orangenaroma
75 g Schokoladentropfen

Zutaten zum Garnieren

200 g Marzipan
100 g Puderzucker
Zitronenglasur
rote, gelbe und grüne
    Speisefarbe

Zubereitung

Möhren fein reiben. Eier trennen, Margarine, Zucker, Zitronen-aroma, Jodsalz, Eigelb, Möhren und die Hälfte der Haselnussmenge cremig rühren, danach das mit Backpulver vermischte Mehl nach und nach zugeben. Zuletzt den Rum unterrühren.

Eiweiß sehr steif schlagen, Orangenaroma, restliche Haselnuss-menge und die Schokoladentropfen darunter mischen. Die Eiweiß-masse unter den Teig heben, alles in eine mit Backpapier ausgelegte Springform (26 cm) füllen und im Backofen

(E: 190 Grad, Gas: Stufe 2–3) ca. 60 Minuten backen, dann erkalten lassen.

Marzipanrohmasse mit Puderzucker verkneten. Rote und gelbe Speisefarbe mischen, dann zwei Drittel der Marzipanmasse orange und die restliche Masse grün färben. Aus der orangefarbenen Masse eine Rolle von 2 cm Durchmesser formen, in gleich große Stücke schneiden, Möhren formen und diese mit dem Messerrücken einkerben.

Grüne Marzipanmasse durch eine Knoblauchpresse drücken und als Kraut in die Möhrenenden stecken. Erkalteten Kuchen mit Zitronenglasur überziehen. Mit Möhren dekorieren.

● **Brigitte Theiß, Gemünden**

Himbeer-Käse-Torte

Zutaten

Für den Teig

2 Eier
2 EL heißes Wasser
80 g Zucker
1 Päckchen Vanillinzucker
75 g Mehl
75 g Speisestärke
2 gestrichene TL Backpulver

Für den 1. Belag

3 Blatt Gelatine
250 ml Sahne
200 g Frischkäse mit Joghurt
50 bis 75 g Zucker
1 Päckchen Vanillinzucker
2 bis 3 EL Zitronensaft

Für den 2. Belag

2 Beutel Himbeergötterspeise
100 g Zucker
½ l Wasser
450 g gefrorene Himbeeren

Zutatan zum Garnieren

250 ml Sahne
1 TL Zucker
1 Päckchen Sahnesteif
Gehackte Pistazienkerne

Zubereitung

Eier, Wasser, Zucker und Vanillinzucker mit einem Rührgerät schaumig schlagen.

Backpulver, Mehl und Speisestärke mischen und nach und nach über die Eigelbmasse sieben und vorsichtig unterheben. Den Teig in eine mit Papier ausgelegte Springform (26–28 cm) füllen und bei 175–200 Grad 20–30 Minuten backen. Den Boden gut auskühlen lassen und einen Tortenring um den Kuchen legen.

Gelatine einweichen. Sahne schlagen und beiseite stellen. Frischkäse mit Joghurt, Zucker, Vanillinzucker und Zitronensaft gut verrühren.

Gelatine ausdrücken und erwärmen, bis sie gelöst ist. Etwas von der Käsemasse in die Gelatine rühren und diese dann unter Rühren der Käsemasse zufügen. Die steif geschlagene Sahne unterheben und alles auf den Tortenboden streichen. ½ Stunde in den Kühlschrank stellen.

Himbeergötterspeise und Zucker in ½ l Wasser einrühren und nach Packungsangabe zum Quellen stehen lassen, Götterspeise erwärmen, bis alles gelöst ist. Die gefrorenen Himbeeren in die gelöste Götterspeise rühren und sofort auf der Käsesahne verteilen. Mindestens 3 Stunden kalt stellen.

Vor dem Servieren die Sahne, Zucker und Sahnesteif schlagen und die Torte mit Sahnetuffs garnieren. Gehackte Pistazienkerne über die Sahnetuffs streuen.

● **Marga Landmann, Meddersheim**

Margas Backbuch

Zutaten

21 Eier
600 g Zucker
400 g Mehl
2 Backpulver
250 g Margarine
1 Päckchen Vanillinzucker
100 g Speisestärke
2 l Milch

4 Päckchen Puddingpulver
4 Butter
Speisefarbe
Zuckerfarbe
Marzipan
Tortendeckel
Tortendeckchen

Tipps zur Anfertigung

Auf einem Blech werden zunächst 3 Biskuitplatten gebacken. Die fertigen Platten werden dann mit einem Messer in unterschiedliche Größen zurechtgeschnitten:

1.) Eine große Platte bildet das »Fundament«, auf dem das Buch ruht.

2.) Die zweite Platte schneiden Sie in drei gleich große Teile, von denen nur zwei verwendet werden. Sie sind gewissermaßen die »Füllung« der beiden aufgeschlagenen Buchteile.

3.) Die dritte Platte scheiden Sie wiederum in zwei Teile, die größer sein müssen als die mittleren der »Buchfüllung«. Aufgelegt fallen sie links und rechts über und symbolisieren so die aufgeschlagenen Mittelseiten des Buches.

In einer Kastenform backen Sie außerdem einen Baumkuchen. Der Baumkuchen wird nach dem Erkalten in unterschiedlich große Längsstreifen geschnitten. Die hell-dunkle Abfolge des Teiges symbolisiert die Seiten des Buches. Dafür werden insgesamt sechs Streifen an das »Backbuch« angelegt (zwei längere Streifen am linken und am rechten Rand, vier kürzere Streifen jeweils links und rechts oben und unten).

Zubereitung

Backen Sie nach der Anweisung auf der gegenüberliegenden Seite in einer Kastenform einen Baumkuchen und auf einem Blech nacheinander drei Biskuitplatten. Den Baumkuchen auskühlen lassen und aus der Kastenform nehmen. Die Biskuitplatten jeweils vorsichtig vom Backpapier lösen. Mit einem Messer die erste große Grundplatte sauber ausschneiden. Diese Biskuitplatte auf einen stabilen Untergrund legen und mit Buttercreme bestreichen.

Die zweite Biskuitplatte in 3 Teile schneiden, eines davon weglegen. Auf die Buttercreme die beiden ausgeschnittenen kleineren Teile so legen, dass an den Seiten und in der Mitte gleichmäßig Platz bleibt. Auch diese Biskuitplatten wieder mit Buttercreme bestreichen.

Die dritte Biskuitplatte halbieren, die Platten sauber zuschneiden. Auf die beiden kleineren Mittelplatten so legen, dass sie an den Seiten überfallen und in die Mitte hin wie die Seiten eines auf-geschlagenen Buches zusammenfallen. Ebenfalls mit Buttercreme bestreichen.

Den Baumkuchen längs in 6 Scheiben schneiden. Diese Scheiben jeweils oben und unten und an den Seiten um den Kuchen legen und andrücken. Dabei muss der Lauf der Teigschichten an den Seiten vertikal und oben und unten jeweils horizontal zeigen, damit sich der Eindruck von Buchseiten ergibt. Die Torte mit Buttercreme und Marzipan verzieren.

Baumkuchen

Unsere Vorfahren nannten ihn »Stangenkuchen« oder auch »Spießkuchen«.
Baumkuchen ist eines der ältesten bekannten Gebäcke: Im alten Grie-
chenland wurde schon Brot an Stangen über offenem Feuer gebacken.
Allerdings ist das nicht vergleichbar mit dem späteren zarten, baumschicht-
artigen Gebilde, dass uns heute in den Konditoreien entgegenlacht.

Berliner Konditoren sollen es gewesen sein, die vor 200 Jahren dem
Baumkuchen den letzten Schliff gaben. Der Dichter Fontane und der
Reichskanzler von Bismarck waren begeistert und konnten nicht genug
davon bekommen.

Zutaten

500 g Butter	die abgeriebene Schale einer
15–18 Eier	Zitrone oder 1 Päckchen
500 g Puderzucker	Vanillinzucker
500 g gesiebtes Mehl	Zuckerguss zum Verzieren
1 EL Rum	bunter Streuzucker
⅛ l süße Sahne	

Zubereitung

Die zu Sahne gerührte Butter, der Puderzucker und die
Eigelb werden mit einem Handrührgerät ca. 15 Minuten
verrührt, dann kommen Mehl, Rum und Eischnee hinein,
und zuletzt so viel Sahne, dass der Teig dickflüssig ist.
Nun muss alles gut miteinander verrührt und gleich
gebacken werden.

Eine Auflaufform oder Tortenform wird mit Butter
ausgestrichen und mit Mehl ausgeklopft. Dann werden
etwa 1–2 EL Teig ganz dünn in die Form gestrichen.
Diese Schicht wird bei Oberhitze gebacken. Anschließend
wird wieder Teig aufgestrichen, gebacken und so weiter
verfahren, bis der Teig verbraucht ist; man erhält etwa
30 Schichten. Der Kuchen wird gestürzt, der Rand glatt-
geschnitten. Den erkalteten Kuchen mit Zuckerguss
bestreichen und schnell mit buntem Streuzucker bestreu-
en. Wahlweise kann der Kuchen auch mit Schokoladenguss überzogen werden.

● **Maria Mahr, Breitenbach**

Datteltorte

Zutaten

Für den Teig
180 g Mehl
100 g Butter
100 g Zucker
3 Eigelb
3 Eiweiß
Zitronenschale

Für den Belag
8 Eiweiß
300 g Zucker
300 g gemahlene Mandeln
300 g Datteln
1 Glas Madeira

Für die Dekoration
Datteln
Eingemachte Früchte
Zuckerglasur

Zubereitung

Man bereitet aus Mehl, der schaumig gerührten Butter, Zucker, Eigelb, dem zu Schnee geschlagenen Eiweiß und fein geschnittener Zitronenschale einen leichten Teig, den man in eine Springform füllt und halbgar bäckt.

Inzwischen schlägt man 8 Eiweiß mit dem feinen Zucker recht schaumig, fügt fein gemahlene Mandeln, die feinstreifig geschnittenen Datteln und 1 Glas Madeira hinzu. Diese Dattelmasse füllt man auf die halbgar gebackene Torte und bäckt sie völlig fertig. Zuletzt überzieht man die Torte mit Zuckerglasur, der reichlich Zitronensaft zugesetzt wurde, damit sie säuerlich schmeckt, und belegt sie mit Datteln und eingemachten Früchten.

● **Jutta Bröll, Mainz-Kastel**

Erdbeer-Kuppeltorte

Zutaten

Für den Teig

4 Eier
4 EL warmes Wasser
120 g Zucker
60 g Mehl
60 g Speisestärke
1 TL Backpulver
geriebene Schale einer
    unbehandelten Zitrone

Für die Füllung

500 g Magerquark
250 g Mascarpone
150 g Zucker
1 Päckchen Vanillinzucker
2 EL Zitronensaft
500 g Erdbeeren
2 EL Erdbeerkonfitüre
8 Blatt Gelatine

Zum Verzieren

250 g kleine schöne Erdbeeren
    mit Grün
1 TL Speisestärke
2 Becher Schlagsahne (je 200 g)
50 g Zucker
50 g Kuvertüreschokolade

Zubereitung

Aus allen Zutaten einen Biskuitteig herstellen. In einer 26 cm Springform backen. Den Teig waagerecht in drei Teile schneiden.

Den Quark mit Mascarpone, Zucker, Vanillinzucker und Zitronen-saft verrühren. Erdbeeren putzen, in Stücke schneiden und unter den Quark heben.

Gelatine auflösen und unter die Quarkmasse rühren.

Einen Biskuitboden mit der Erdbeerkonfitüre bestreichen.
Den zweiten Boden auflegen. Die fest gewordene Quarkmasse
leicht kuppelartig darauf häufen.

Den dritten Boden auflegen und leicht in Kuppelform
andrücken.

Die Erdbeeren waschen. 50 g davon abnehmen, putzen und
pürieren. Das Püree mit der Speisestärke zusammen aufkochen.
Erdbeeren mit dem Grün halbieren. Die Sahne mit dem Zucker
sehr steif schlagen. Auf der Kuppel wolkenartig aufhäufen,
mit dem Rest der Sahne den Rand bestreichen. Den Rand der
Kuppel mit den halbierten Erdbeeren belegen, so dass das Grün
nach außen zeigt.

Von der Kuvertüreschokolade Nocken schneiden und die Torte
damit verzieren.

● **Ulrike Schäfer, Hungen**

Nougat-Marzipan-Torte mit Kuppel

Zutaten

Für den Biskuitboden

6 Eiweiß

180 g Zucker

6 Eigelb

1 Päckchen Schokoladenpudding

1 TL Backpulver

180 g Mehl

1 EL Kakao

Nougat-Buttercreme

½ l Milch

1 Päckchen Vanillepuddingpulver

50 g Zucker

200 g Nougat

250 g weiche Butter

Für die Dekoration

200 g Marzipanrohmasse

100 g Puderzucker

16 ganze Haselnüsse

Zubereitung

Aus den genannten Zutaten einen Biskuit herstellen und in einer 26er Springform 20 Min. backen.

Vanillepudding kochen, Nougat zugeben, auf Zimmertemperatur abkühlen lassen, mit der Butter eine Creme herstellen.

Biskuit halbieren, die obere Hälfte des Bodens in Würfel schneiden. Mit Weinbrand tränken. Übrigen Boden noch mal halbieren. Einen Boden in die Kuppelform oder flache Schüssel legen. Für das Bestreichen 150 g Buttercreme beiseite stellen. Übrige Creme unter die Würfel mischen, diese Masse in die Kuppel füllen, den unteren Boden darauf legen und andrücken. 2 Stunden kalt stellen.

Marzipan mit Puderzucker verkneten und ausrollen. Mit einem Tortenteiler 16 Stücke ausstechen und von der Spitze her aufrollen. Kuppeltorte stürzen, außen mit Creme bestreichen und mit dem Tortenteiler einteilen. Mit dem Marzipan und Nüssen dekorieren. Eventuell. mit Schokostreuseln verzieren.

Marzipan für die Haremsdamen

Marzipan war das Konfekt der Haremsdamen, später auch Naschwerk für Hofdamen. Nur der Adel konnte sich die Kostbarkeit leisten. Marzipan stammt ursprünglich aus dem vorderen Asien, vermutlich Persien. Wahrscheinlich haben es die Kreuzritter nach Mitteleuropa gebracht.

Die Marzipanherstellung war Sache der Apotheker. Der Wert der Masse aus orientalischen Mandeln und brauner Süße aus dem Zuckerrohr war vergleichbar mit Perlen. Im Mittelalter galt süßes Marzipan als Heilmittel. In sehr kleinen Portionen verordneten es die Mediziner bei Schwindsucht und anderen Frauenleiden. Der Kirchenlehrer Thomas von Aquin empfahl Müttern nach der Geburt eines Kindes Marzipan, um schneller wieder zu Kräften zu kommen.

Tafeldekorationen aus Marzipan: Im Mittelalter nutzte man die modellierbare Marzipanmasse, um daraus naturgetreue Nachbildungen von Früchten, Tieren oder auch Menschen zu schaffen. Nachdem die Konditoren den Apothekern das Exklusivrecht für die Herstellung von Marzipan streitig gemacht hatten, entstand eine regelrechte Marzipankultur. Ganze Festtafeln wurden bei Hofe mit Skulpturen, Bestecken und Gefäßen aus Marzipan verziert. Ein Ausdruck wahren Reichtums.

Erschwinglich wurde Marzipan erst, als im 19. Jahrhundert Zucker aus heimischen Zuckerrüben gewonnen werden konnte. Lübeck war und ist seitdem Deutschlands Marzipanmetropole.

Mandeln bringen die Qualität: »Man nehme Mandeln, Zucker und Rosenwasser …«, so lautet das Rezept seit Hunderten von Jahren.

Nach den Vorschriften des Deutschen Lebensmittelrechts darf Marzipanrohmasse neben Mandeln höchstens 35 Prozent Zucker enthalten. Die Mandeln sollten leicht feucht sein, dann geht ihr Aroma besser in den Zucker über. Entscheidend für die Qualität der Marzipankartoffeln, Betmännchen und anderer Marzipanleckerbissen ist, wie viel Puderzucker unter die Rohmasse geknetet wurde; je weniger, desto besser.

Das steckt hinter den Bezeichnungen

- *Marzipan:* 500 Gramm Marzipanrohmasse dürfen 500 Gramm Zucker zugesetzt werden. Daraus werden Dekorationen für Torten und Marzipankartoffeln gemacht. Solches Marzipan ist eher eine Zuckerware.

- *Edelmarzipan:* 700 Gramm Marzipanrohmasse dürfen 300 Gramm Zucker zugesetzt werden. Für hochwertige Pralinenfüllungen geeignet.

- *Lübecker Marzipan:* 900 Gramm Marzipanrohmasse dürfen 100 Gramm Zucker zugesetzt werden. Edles Marzipan für Konfekt.

- *Niederegger Marzipan:* Der Marzipanrohmasse wird kein Gramm Zucker zugefügt.

● **Petra Stamm**

Vanille-Sahne-Torte

Zutaten

Für den Teig

8 Eiweiß

320 g Zucker

2 Päckchen Bourbon-Vanillinzucker

1 Päckchen Rum-Aroma

1 TL gemahlenen Zimt

100 g gesiebtes Weizenmehl

200 g Haselnusskerne

Für den Guss

200 g Halbbitter-Kuvertüre

50 g Plattenfett

Für die Füllung

1 Packchen weiße gemahlene Gelatine

1 l Schlagsahne

3 Päckchen Vanillinzucker

Zubereitung

Für den Teig 8 Eiweiß steif schlagen und nach und nach Zucker und Vanillinzucker unterschlagen. Rum-Aroma, gemahlenen Zimt, Weizenmehl und gemahlene Haselnusskerne unterrühren. Teig in 6 Teile teilen und in gefetteter und bemehlter 26er Springform 6 Böden auf mittlerer Schiene 10–15 Minuten bei ca. 190 Grad backen.

Sofort nach dem Backen vorsichtig aus der Form lösen und erkalten lassen. Ein Boden sofort nach dem Backen in 16 Stücke schneiden.

Für den Guss Kuvertüre und Plattenfett auflösen und die 16 Stücke sowie die Oberseite der 5 Böden damit bestreichen. Guss fest werden lassen.

Für die Füllung Gelatine nach Anleitung auflösen. Schlagsahne mit dem Vanillinzucker steif schlagen und die lauwarme Gelatine unterrühren.

Böden mit einem Teil der Sahne-Masse zu einer Torte zusammensetzen. Auf dem oberen Boden 16 Stücke andeuten und jedes Stuck mit einer »Schillerlocke« aus der restlichen Sahne verzieren. Die 16 geschnittenen Tortenstücke jeweils schräg an die »Schillerlocke« anlehnen.

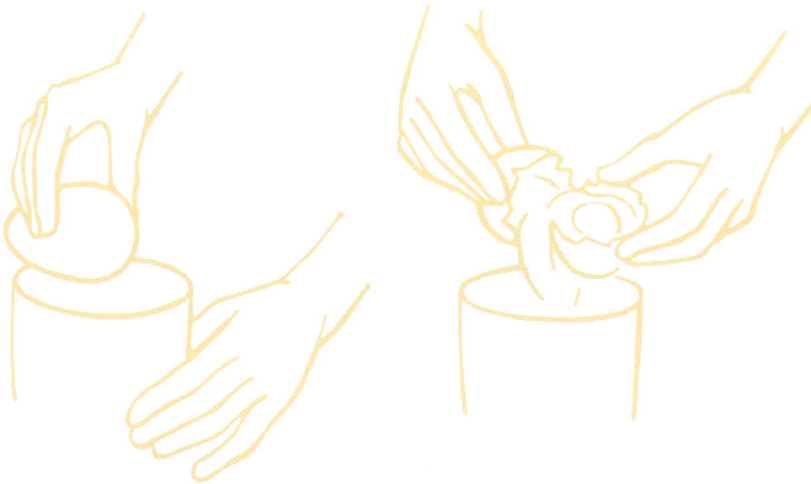

Rezepte mit Brandteig, Hefeteig und Lebkuchen

Über den Brandteig

Unverzichtbar für Klassiker wie zum Beispiel Windbeutel schmeckt Brandteig aber auch in seiner herzhaften Variante, zum Beispiel als Käsegebäck. Der merkwürdige Name dieses Teiges erklärt sich aus seiner Zubereitung. Der Teigkloß wird im heißen Topf so lange gerührt, bis er sich vom Boden absetzt (»abbrennt«). Da beim Brandteig doch einige Dinge zu beachten sind, geben wir hier noch ein paar Tipps für »Brandteig-Neulinge«:

- Verlassen Sie sich nicht auf Ihr Augenmaß. Alle Zutaten müssen abgewogen und abgemessen sein. Das gilt insbesondere für das kochende Wasser. Lassen Sie es zu lange kochen, dann verdampft zu viel davon und die Menge stimmt nicht mehr!

- Wichtig ist auch, dass Sie am Anfang das Mehl schnell und auf einmal in das Fettwasser schütten und dabei ständig rühren.

- Denken Sie bitte daran, jedes Ei wirklich einzeln in den Teigkloß zu rühren. Gerade bei solchen Arbeiten ist man schnell versucht, alles auf einmal einzurühren.

- Manchmal können sich bei einem Brandteig Luftblasen bilden. Sie sollten die Blasen vor dem Backen einstechen.

- Brandteig kann beim Backen stark aufgehen. Sie sollten deshalb ausreichend Platz zwischen den Teighaufen lassen und eventuell Teigtrennpapier verwenden.

- Öffnen Sie den Ofen keinesfalls während der ersten Hälfte der Backzeit. Der Teig fällt sonst zusammen.

- Wenn das Gebäck gefüllt werden soll, dann schneiden Sie es noch heiß auf.

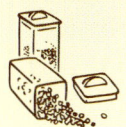

Zutaten

¼ l Wasser
1 Prise Salz
50 g Butter

150 g Mehl
4 Eier
½ TL Backpulver

Zubereitung

Das Wasser mit Butter und Salz in einem Topf kurz zum Kochen bringen. Den Topf von der Herdplatte nehmen. Das Mehl auf einmal hineinschütten. Mit einem Kochlöffel gut unterrühren, bis die Flüssigkeit sich mit dem Mehl verbunden hat. Dann den Topf wieder zurück auf die Kochplatte stellen und den Teig bei geringer Temperatur noch einmal abbrennen. Dabei mit dem Kochlöffel weiterrühren, damit die Masse gleichmäßig heiß wird und nicht anbrennt. Beim Rühren formt sich der Teig zu einem glatten Kloß und löst sich dabei vom Topfboden ab.

Den Teigkloß in eine Rührschüssel geben, ein Ei aufschlagen und gleich unterrühren. Das Ei verbindet sich nicht sofort, sondern erst nach kurzer Rührzeit mit dem heißen Teig zu einer glatten Masse. Den Teig abkühlen lassen, bis er höchstens handwarm ist. Dann die restlichen Eier nach und nach mit den Knethaken des Rührgerätes unterrühren. Mit dem letzten Ei das Backpulver dazurühren.

Mit einem Spritzbeutel oder mit Esslöffeln auf ein Blech setzen. Den Ofen auf 200 Grad erhitzen. Kurz vor dem Backen das Blech mit Wasser besprenkeln. Während der ersten 20 Minuten des Backens die Backofentür nicht öffnen, sonst kann das Gebäck zusammenfallen. Backzeit: etwa 30 Minuten.

Nach dem Backen von dem Gebäck sofort den Deckel abschneiden. Auskühlen lassen. Dann wie im Rezept beschrieben füllen.

Über den Hefeteig

Für einen Hefeteig braucht man Geduld und keinen Durchzug in der Küche. Dann dürfte die Zubereitung wohl kein Problem sein. Achten Sie darauf, dass die Milch zum Ansetzen der Hefe nicht zu heiß ist. Sonst verliert die Hefe ihre Triebkraft. Und nehmen Sie sich genügend Zeit, um den Hefeteig an einem warmen Ort gehen zu lassen. Als Beispiel haben wir das Rezept von Gertrud Reuhl-Kirschner für ihren »Hochstädter Zucker-kuchen« ausgesucht.

Zutaten

500 g Mehl
1 Prise Salz
½ Würfel Hefe
60 g Zucker

1 Päckchen Vanillinzucker
¼ l lauwarme Milch
100 g Butter

Zubereitung

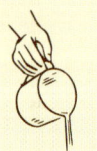

Das Mehl in eine Schüssel geben. In die Mitte eine Mulde drücken. Die Hefe zerbröseln und in ⅛ Liter der lauwarmen Milch auflösen. In die Mulde gießen, mit etwas Mehl verquirlen. Die Schüssel abdecken und an einen warmen Ort stellen. Die Hefe etwa 30 Minuten gehen lassen.

Butter schaumig rühren, zusammen mit dem Rest der Milch, dem Zucker, dem Vanillinzucker und dem Salz zum Mehl geben und gut verrühren. Dann mit einem größeren Holzkochlöffel oder mit dem Knethaken einer Küchenmaschine mehrere Minuten lang kräftig schlagen, bis der Teig schön elastisch ist. Erneut abdecken und gehen lassen.

Erneut durchkneten. Ein Blech mit Mehl bestäuben. Den Hefeteig darauf ausrollen. Wie im Rezept beschrieben weiter verarbeiten.

Im Ofen bei etwa 225 Grad backen.

Über den Lebkuchen

Was wäre die Weihnachtszeit ohne den Duft von leckeren Lebkuchen? Egal, ob Sie nun ganz klassisch Lebkuchenherzen backen oder ob Sie lieber ein ausgefallenes Rezept probieren wie zum Beispiel »Lebkuchenmousse« oder »Lebkuchen-Halbgefrorenes«: Das Lob und die Anerkennung Ihrer Gäste werden Ihnen sicher sein.

Woher der Lebkuchen seinen Namen hat, das ist nicht eindeutig bekannt. Man sagt, der Name wäre aus dem Lateinischen »libum« abgeleitet, was so viel wie »Fladen« heißt. Fränkische Klosterbrüder sollen bei uns die ersten Lebkuchenbäcker gewesen sein.

Die Idee zu den bekannten Oblaten-Lebkuchen entstand übrigens aus einem ganz einfachen Grund. Um ein Anbrennen des Teiges auf dem Backblech zu verhindern, setzten die frommen Bäcker die Teigmasse vor dem Backen ganz einfach auf Oblaten.

Berühmt sind die Nürnberger Lebkuchen. Die Stadt verdankt ihren Ruhm der günstigen Lage an den Handelswegen, über die auch jene Gewürze transportiert wurden, die den Lebkuchen ihren typischen Geschmack geben. Außerdem war die Umgebung von Nürnberg reich an Bienenzuchten. Deren Honig gehört zu jedem Lebkuchen-Grundrezept.

hr4-Hörer Paul Stankewitz schickte uns sein Rezept für »Gefüllte Lebkuchen«. Die genaue Zubereitung lesen Sie auf Seite 84.

● Ingrid Büchler, Ahnatal

Thüringer Mohnkuchen

Zutaten

1,5 l Milch
200 g Zucker
1 Prise Salz
150 g Grieß
250 g gemahlene Mandeln
1 Becher Schmand

100 g Mandeln
50 g Sultaninen
Zitronengelb
2 Eigelb
2 Eischnee

Zubereitung

Die Milch mit Zucker und Salz aufkochen, den Grieß hineinstreuen und zu Brei rühren. Den Mohn mahlen und ¾ des Grießbreis unterrühren. Mandeln, Sultaninen und Zitronengelb dazugeben. Die Masse auf einen Hefe- oder Quarkölteig geben. In den restlichen Grießbrei 2 Eigelb rühren, den Eischnee unterziehen und das Ganze über den Mohn streichen.

Backzeit: ca. 50 Minuten bei 175 Grad.

● **Gabriele Barthmann, Fritzlar**

Käsewindbeutel
(ca. 40 Stück)

Zutaten

325 g Wasser
125 g Butter
1 TL Salz

250 g Mehl
5 bis 6 Eier
250 g fein geraspelter
       Emmentaler Käse

Zubereitung

Wasser, Butter und Salz zusammen aufkochen. Mehl hineinrühren, bis sich ein Teigkloß löst – der Brandteig.

Ca. 5 Minuten auskühlen lassen, dann nach und Eier in den Teig einrühren, bis er fettig glänzt. Von dem geraspelten Käse eine ¾ Portion unter den Teig geben. Mit Hilfe von 2 Löffeln Häufchen auf 2 Backbleche setzen, nicht zu eng. Den restlichen Käse auf die Häufchen verteilen. Im Backofen ca. 45 Minuten bei 180 Grad backen.

Aufgeschnitten kann man z. B. Kräuterquark einfüllen.

● **Petra Hedderich, Heppenheim**

Käsekuchen mit Äpfeln oder Kirschen und Streuseln

Zutaten

Für den Teig
250 g Mehl
½ Päckchen Hefe
⅛ l Milch
40 g Margarine
1 gehäufter EL Zucker
1 Prise Salz

Für den Belag
4 bis 5 Äpfel
oder 1 Glas Sauerkirschen

Für die Käsemasse
2 Eier
150 g Margarine
125 g Zucker
1 Päckchen Vanillinzucker
1 Päckchen Zitronenzucker
750 g Magerquark
2 gestrichene EL Speisestärke

Für die Streusel
125 g zerlassene Butter
200 g Mehl
125 g Zucker
½ TL Zimt
1 Päckchen Vanillinzucker

Zubereitung

Für den Teig Mehl und Hefe vermischen, Milch und Margarine erwärmen und zusammen mit Zucker und Salz zu dem Mehl geben, alles zu einem glatten Teig kneten.

Streusel richtig zubereiten

Ursprünglich sind »Streusel« die mundartliche Bezeichnung für die Streu, die man dem Vieh im Stall als Lager aufschüttete. Seit gut 200 Jahren wird mit dem Wort auch ein Kuchenbelag bezeichnet. Ein weicher, kräftiger Hefe- oder Quark-Ölteig ist die ideale Grundlage für einen Streuselkuchen auf dem Blech.

Für die Streusel 250 gehackte Mandeln, 250 Gramm Mehl und 150 Gramm Zucker mischen und 250 Gramm Butter in Flöckchen darüber streuen, mit den Händen zusammendrücken.

Die Fettpfanne des Backofens mit Backpapier auslegen, an den Rändern umgeknickte Alufolie unter das Backpapier stecken. Teig in der Größe des Backblechs ausrollen, auf das Backpapier legen und im etwas geöffneten Backofen bei 50 Grad ca. 10 Minuten gehen lassen.

In der Zwischenzeit: 4–5 Äpfel schälen, Kerngehäuse entfernen und in dünne Scheiben schneiden oder 1 Glas Sauerkirschen auf einem Sieb abtropfen lassen.

Für die Käsemasse Eier, Margarine, Zucker und Vanillinzucker verrühren, Zitronenzucker, Quark und Speisestärke dazugeben und alles miteinander verrühren.

Den Teig mit Äpfeln oder Kirschen belegen und die Käsemasse gleichmäßig darauf verteilen. Butter, Mehl, Zucker, Zimt und Vanillinzucker zu Streuseln verarbeiten und auf die Käsemasse streuen.

Backzeit: ca. 35 bis 40 Minuten bei 200 Grad.

● Katharina Schneider, Babenhausen

Windbeutel mit Sahne und Früchten der Saison

Zutaten

250 ml Milch
1 Prise Salz
50 g Butter
160 g Mehl
½ TL Backpulver

1 Päckchen Vanillinzucker
4 Eier
¾ l Sahne
Früchte der Saison
Puderzucker

Zubereitung

Milch, Salz und Butter im Stieltopf zum Kochen bringen, Mehl auf einmal hineinschütten und zum Kloß abbrennen.

Im Rührbecher 4 ganze Eier mit dem Backpulver und Vanillinzucker mit den Knethaken zu einer zähen Masse verrühren, auf Backpapier 12–15 Rosetten spritzen. Bei 180 Grad 30 Minuten abbacken. Bitte nicht den Backofen während des Backvorgangs öffnen.

Die Windbeutel durchschneiden, mit Sahne (ca. ¾ Liter) füllen. Mit Erdbeeren, Himbeeren, Kiwi, Sharonfrüchten oder Mandarinen die Sahne belegen und mit Puderzucker die fertigen Windbeutel abpudern.

● **Gertrud Reuhl-Kirschner, Erlensee**

Hochstädter Zuckerkuchen

Zutaten

Für den Teig
500 g Mehl
Salz
1 Würfel Hefe
60 g Zucker
1 Päckchen Vanillinzucker
¼ l Milch
100 g Butter

Für den Belag
12 Zwiebackscheiben
125 g Butter
150 g brauner Zucker
1 EL Vanillinzucker
1 Prise Zimt
1 Becher süße Sahne

Zubereitung

Das Mehl in eine Schüssel geben. In der Mitte des Mehls eine Mulde drücken. Die Hefe zerbröseln und in die Mulde geben. Mit einer Prise Salz und der Hälfte der lauwarmen Milch verrühren. Schüssel mit einem Tuch abdecken und die Hefe gehen lassen. Dann die anderen Zutaten hinzugeben. Mit dem Knethaken oder mit der Hand zu einem gleichmäßigen Teig verarbeiten. Die Schüssel wieder abdecken und den Teig gehen lassen.

Nach etwa 30 Minuten den fertigen Teig auf einem bemehlten Backblech ausrollen. Dann noch einmal gehen lassen.

Zuckergeschichten

Zucker gab es bis Mitte des 18. Jahrhunderts nur in der Apotheke. Die süßen Kristalle kamen aus dem Orient. Venedig hatte sich im Mittelalter das Monopol über das neue Gewürz, den Rohrzucker, verschafft. Die Venezianer waren begeistert von dem neuen »Gewürz«. Kein Festmahl, dass nicht mit einer Süßspeise eröffnet wurde.

Karl V. gehörte 1380 zu den wenigen, die statt mit den Fingern mit einer zweizinkigen Gabel aßen. Mit ihr spießte er gebackenen Käse auf, der mit Zucker bestreut war.

Die Kontinentalsperre Napoleons führte Anfang des 19. Jahrhunderts zur Gründung erster Zuckerrübenfabriken. Ab da begann der Rübenzucker dem Rohrzucker den Rang abzulaufen. Er war nun lose im Kolonialwarenhandel zu haben – zu erschwinglichen Preisen. Doch die Landbevölkerung konnte sich die Süße auch jetzt nur als Stärkungsmittel für Kranke kaufen und einmal im Jahr für die Weihnachtsbäckerei.

Die Zwiebackscheiben fein reiben. Mit den restlichen Zutaten vermischen. Alles mit der Hand gut durchkneten. Dann auf dem ausgerollten Hefeteig verteilen.

Ofen auf etwa 200 Grad aufheizen. Den Kuchen auf der mittleren Schiene goldgelb backen (Stäbchenprobe: Ein Stäbchen in den gebackenen Teig stechen. Wenn kein Teig mehr daran kleben bleibt, ist der Kuchen gut).

Nach dem Backen über den noch heißen Kuchen 1 Becher süße Sahne verteilen.

● **Waltraud Hägerich, Guxhagen**

Stachelbeerkuchen mit Speckfett-Glasur

Zutaten

Hefeteig für zwei Kuchenbleche
750 g Mehl
250 ml Milch
130 g Zucker
1 ½ Päckchen Hefe
150 g Margarine
1 Ei
1 Prise Salz

Für die Quarkcreme
100 g Quark
Pudding (aus ¼ l Milch,
    2 EL Zucker, ½ Pudding-
    pulver Vanille)
1 Vanillinzucker
1 TL Puddingpulver
50 g Butter

Für den Belag
750 g abgetropfte Stachelbeeren
    aus dem Glas

Für die Buttercreme
375 ml Milch
3 EL Zucker
1 Puddingpulver Vanille
    oder Mandel
125 g Butter

Für die Speckfett-Glasur
5 EL Puderzucker
1 Ei
2 EL Zitronensaft
100 g Kokosfett
100 g gehackte Mandeln

Zubereitung

Leicht angewärmtes Weizenmehl in eine nicht zu kleine Schüssel geben. In die Mitte eine Vertiefung für das Hefestück drücken. In die angewärmte Milch 1 TL Zucker und die Hefe bröckeln, verquirlen, vorsichtig in die Mitte der Schüssel gießen und mit einem Teil des Mehls zu einem dicken Brei verrühren.

Margarine in Flöckchen und den restlichen Zucker auf den Mehlrand geben. Gewürze hinzufügen. Die Schüssel warm stellen. In 20 bis 25 Minuten ist der Hefeteig aufgegangen. Jetzt das Ei und alle übrigen Zutaten in den Teig einarbeiten, dabei das Mehl nach und nach unterkneten. Der Teig sollte straff, aber nicht zu fest sein. Anschließend muss der Teig ca. 1 Stunde im warmen Raum ruhen. Danach den Teig teilen. Die eine Hälfte des Teiges auf einer bemehlten Unterlage ausrollen und auf ein gut gefettetes Blech legen oder Backfolie benutzen. Die zweite Hälfte des Teiges lässt sich hervorragend einfrieren.

Auf dem ausgerollten Hefeteig die Quarkcreme dünn verstreichen. Dafür den Quark mit einem nach Grundrezept gekochten, abgekühlten Vanillepudding verrühren. Vanillinzucker, 1 TL Puddingpulver und die zerlassene Butter zugeben und gut verrühren. Auf diese Quarkcreme die Früchte legen.

Backen und gut auskühlen lassen.

Für die Buttercreme einen Pudding bereiten, erkalten lassen. Die Butter schaumig schlagen, löffelweise den Pudding zufügen und rühren. Die Creme dünn auf die Früchte streichen und fest werden lassen. Den Puderzucker mit dem Ei kräftig verrühren, Zitronensaft zugeben und das zerlassene, leicht abgekühlte Kokosfett allmählich unterrühren. Die Mandeln ohne Fettzugabe in der Pfanne rösten, abkühlen lassen und unterheben. Mit dieser Speckfett-Glasur den Stachelbeerkuchen vorsichtig überziehen. Kalt stellen.

Backzeit: 25 Minuten bei 180–200 Grad.

Vor Hefeteig haben viele Respekt

Hier einige Tipps, damit nichts schief geht:

- Ein Würfel Hefe wiegt immer 42 Gramm und reicht für 500 Gramm Mehl.

- Bei schweren Teigen mit Fett, Rosinen, Nüssen 50 Gramm Hefe für 500 Gramm Mehl.

- Wenn der Teig wenig oder kein Fett enthält wie der Pizzateig, genügen zum Lockern 20 Gramm Hefe.

- Ein Beutel enthält 7 Gramm Trockenhefe und reicht für 500 Gramm Mehl.

Pannenhilfe für Hefekuchen:

- Wenn der Teig nicht aufgeht: Zum Ansetzen des Vorteiges brauchen Sie eine Prise Salz. Das Salz darf nicht direkt auf die Hefe, es entzieht sonst den Hefezellen das Wasser.

- Gegen Hitze sind die Hefepilze empfindlich. Sie vertragen höchstens 38 Grad C. Achten Sie darauf, dass der Teig nur mit lauwarmer Milch und leicht geschmolzenem Fett angesetzt wird.

- Ist es der Hefe vielleicht zu kalt? Die Hefezellen vermehren sich am besten bei Temperaturen zwischen 25 und 30 Grad C.

- Ist der Teig vielleicht zu fest geraten? Dann braucht die Hefe noch etwas Flüssigkeit, um den Teig zu lockern.

- Wurde der Teig zu lange in der Küchenmaschine gerührt und ist »maschinentot«? Nicht länger als 5 Minuten mit der Maschine bearbeiten. Besser noch einmal mit der Hand nachkneten.

● **Elke Deeg, Schwalbach**

Oma Lottis Mohnkuchen

Zutaten

Für den Teig

375 g Mehl
60 g Zucker
80 g Butter
1 Prise Salz
1 Päckchen Vanillinzucker
1 Würfel Hefe
⅛ l lauwarme Milch

Für den Guss

¼ l saure Sahne extra
2 Eier
30 g Zucker
1 Päckchen Vanillinzucker
1 geh. EL Speisestärke

Für die Mohnmasse

250 g gemahlener Mohn
100 g gemahlene Mandeln
125 g Rosinen
abgeriebene Schale von einer Zitrone
1 EL Rum
1 Prise Salz
1 l Milch
180 g Zucker
50 g Butter
5 gehäufte EL Grieß
1 EL Speisestärke

Zubereitung

Zur Vorbereitung der Mohnmasse die Rosinen mind. 2 Stunden in Rum einweichen.

Milch mit Zucker und Butter aufkochen, Grieß einstreuen und aufwallen lassen. Mohn einrühren und die restlichen Zutaten zufügen. Alles gut mischen, abkühlen lassen und die Speisestärke unterrühren. Die Mohnmasse über Nacht zugedeckt ruhen lassen.

Aus den Zutaten einen Hefeteig herstellen.

Für den Guss die saure Sahne mit Eigelb, Zucker, Vanillinzucker und Speisestärke verquirlen. Eiweiß zu festem Schnee schlagen und unterziehen.

Hefeteig auf der Fettpfanne oder Backblech mit hohem Rand ausrollen und die Mohnmasse darauf verteilen. Guss mit einem Teigschaber vorsichtig darüber streichen.

Backzeit ca. 35 – 40 Minuten bei 170 Grad auf der untersten Schiene des Backofens.

● **Paul Stankewitz, Marburg**

Gefüllte Lebkuchen

Zutaten

Für den Teig

300 g Mehl
160 g Puderzucker
1 TL Natronpulver
abgeriebene Zitronenschale
1 ½ Päckchen Lebkuchen-
    gewürz
80 g Honig
3 Eier

Für die Füllung

50 g Pinienkerne
50 g Mandelstifte
100 g Rosinen
2 EL Rum
50 g Orangeat
50 g Zitronat

Sonstige Zutaten

6–7 EL Aprikosenkonfitüre
ca. 35 ganze geschälte
    Mandeln

Zubereitung

Für den Teig Mehl mit Puderzucker, Natron, Zitronenschale und Lebkuchengewürz vermischen. Honig leicht erwärmen, mit Eiern verquirlen, zu den trockenen Zutaten geben und alles zu einem glatten Teig verkneten. Rosinen in Rum einweichen.

Die Zutaten für die Füllung grob hacken, mit Rosinen in einer Schüssel mischen. Elektroofen auf 200 Grad vorheizen.

Ingwer – das Wunder aus dem Orient

Gemahlener Ingwer ist für Apfelkuchen, Weihnachtsplätzchen
und Pflaumenkompott das ideale Gewürz. Die frisch geriebene Wurzel
ist immer besser als Ingwerpulver; sie schmeckt noch intensiver.
Dazu schält man die braune Haut von der Knolle ab und reibt sie auf
einer Küchenreibe. Oder man presst den frischen Ingwer durch die
Knoblauchpresse. Frisch ist er ein Muss in der Orangenmarmelade
oder in der Füllung duftender Bratäpfel. Mit Ingwersirup können
Sie den Teig der Schokoladentorte verfeinern. Kandierte Ingwerstücke
in Kuvertüre getaucht ist ein Hightlight in der Pralinenmischung.
Ingwerpflaumen gibt es fertig im Glas. Das sind Ingwerwurzeln in
ovale Form geschnitten und in Dickzucker eingelegt.

Ingwer ist ideal für die kalte Jahreszeit. Er fördert die Durchblutung
und gibt ein wohliges Gefühl. Frischer Ingwer kann krank machende
Bakterien im Darm abtöten und so Verdauungsbeschwerden vorbeugen.

Den Lebkuchenteig halbieren. Eine Hälfte auf einer leicht bemehlten Fläche in Backblechgröße ausrollen. Eine Teigplatte auf ein
gefettetes Blech legen, mit 6 EL erwärmter Konfitüre bestreichen,
dann die Füllung darauf verteilen. Die zweite Teigplatte darüber
legen und mit einer Teigrolle fest andrücken. Oberfläche mit
verquirltem Ei bestreichen und im Ofen auf der mittleren Schiene
bei 200 Grad (Gas Stufe 3) 15–20 Min. backen.

Die Lebkuchen noch warm in kleine Quadrate (2,5 x 2,5 cm)
schneiden. Abgekühlt mit je 1 Mandel belegen und mit Konfitüre
festkleben.

Warum Zucker in den Kuchen gehört

- **Zucker macht** den Kuchen nicht nur süß, er sorgt auch dafür, dass der Teig gelingt. Rührkuchen verliert seine feine Struktur, wenn in den Teig Süßstoff statt Zucker kommt.

- **Ohne** den karamellisierenden Zucker würde der Kuchen keine braune, sondern eine fahle, blasse Kruste bekommen.

- **Zucker sorgt** zusammen mit Fett dafür, dass die Luft festgehalten und der Teig locker wird. Je feiner der Zucker, desto besser.

- **Im Hefeteig** fressen die munteren Hefezellen den Zucker gierig auf und wachsen dabei munter. Mit Süßstoff müssen Sie den Hefeteig mindestens doppelt so lang gehen lassen.

- **Doch Vorsicht:** Zu viel Zucker macht den Teig schwer, fest und lässt ihn nicht aufgehen. Also genau aufs Rezept achten.

● **Anneliese Hackler, Bad Laasphe**

Landfrauen-Zwetschgenkuchen

Zutaten

Für den Teig

500 g Weizenvollkornmehl
100 g brauner Zucker
1 Päckchen Trockenhefe
125 g Butter
1 Ei
¼ l Buttermilch

Sonstige Zutaten

1,5 kg Zwetschgen
100 g Sonnenblumenkerne

Für den Guss

2 Eier
2 TL Zimt
100 g brauner Zucker
250 g saure Sahne

Zubereitung

Mehl, Zucker und Trockenhefe in einer Schüssel mischen. Lauwarme Buttermilch, weiche Butter und das Ei unterkneten. Teig an einem warmen Ort bis zur doppelten Größe aufgehen lassen. Sonnenblumenkerne in der Pfanne rösten. Zwetschgen entsteinen. Teig durchkneten, ausrollen und in die Fettpfanne legen. Zwetschgen darauf geben. Bei 200 Grad 20 Minuten backen.

Eier mit Zimt, Zucker und saurer Sahne verrühren. Über die Zwetschgen gießen, mit Sonnenblumenkernen überstreuen. Weitere 20 Minuten backen.

Rezepte mit Mürbeteig

Über den Mürbeteig

Der Mürbeteig ist wohl der bekannteste und beliebteste aller Kuchenteige. Er ist relativ einfach zu machen und weitgehend problemlos im Gelingen.

Mürbeteige werden nicht nur mit süßen Zutaten weiterverarbeitet. Mit Zwiebel- oder Käsefüllung lassen sich auch herzhafte Backwaren herstellen wie zum Beispiel der französische Zwiebelkuchen. Dann allerdings verzichtet man auf die Zugabe von Zucker in den Teig.

Bearbeiten Sie die Zutaten am besten rasch mit den Handknöcheln. Aus den anfangs recht bröseligen Teilen wird dann ein Kloß. Wickeln Sie ihn in Frischhaltefolie und legen Sie ihn vor dem Backen für mindestens eine halbe Stunde in den Kühlschrank.

Für viele unserer süßen Rezepte brauchen Sie einen Mürbeteig. Dies ist ein Grundrezept:

Zutaten

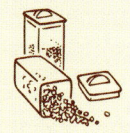

250 g Mehl
125 g Butter
65 g Zucker
1 Prise Salz
1 Ei

Zubereitung

Das Mehl in eine Schüssel oder auf eine Arbeitsfläche geben. In die Mitte eine Mulde drücken. Butter in Stückchen schneiden. Zucker, Ei und Salz in die Mulde geben, mit den Butterstückchen bedecken. Mehl von den Seiten drüberhäufen. Am besten mit den Handknöcheln rasch zu einem Teig verkneten. Dabei die bröseligen Teile immer wieder in die Mitte holen.

Am Schluss kurz durchkneten und den glatten Teig zu einem Klumpen formen. In Klarsichtfolie wickeln und mindestens 30 Minuten in den Kühlschrank legen.

Eine Springform einfetten. Den Teig aus der Klarsichtfolie wickeln. Mit den Händen auf den Boden der Form drücken, dabei an den Seiten einen Rand hochdrücken. Mit einer Gabel den Boden mehrmals einstechen.

Zum »Blindbacken« den Teig nun mit kreisrund ausgeschnittenem Backpapier belegen. Auf das Papier Reis oder Linsen schütten, so dass das Backpapier fest auf dem Teig aufliegt.

Im Ofen bei 175 Grad backen und dann nach der jeweiligen Anweisung weiterverfahren. Zum »normalen« Backen den Mürbeteig etwa 20 Minuten im Ofen lassen.

Auskühlen lassen und zum Beispiel mit Obst belegen.

● **Wilma Schweißer, Obertshausen**

Johannisbeerkuchen

Zutaten

Für den Teig

200 g Mehl
1 TL Backpulver
1 Ei
80 g Zucker

Für den Belag

500 g Johannisbeeren
5 Eiweiß
180 g Zucker
125 g gemahlene Mandeln

Zubereitung

Aus den Teigzutaten einen Mürbeteig herstellen, dabei einen Rand von 2 cm hochziehen. Mit einer Gabel mehrmals einstechen.

Für den Belag Eiweiß zu Schnee schlagen und den Zucker unter weiterem Schlagen einrieseln lassen. Mandeln und gewaschene, gut abgetropfte Johannisbeeren vorsichtig unterheben. Die Masse in die Form füllen und backen. Backzeit ca. 50 Minuten bei 160–170 Grad Heißluft. Anstelle von Johannisbeeren kann man auch Heidelbeeren oder Brombeeren verwenden.

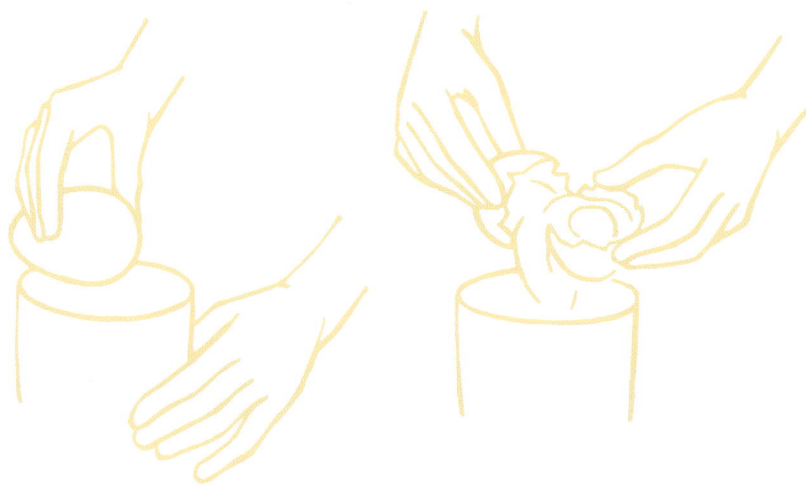

● **Brunhilde Knierim, Wildeck-Richelsdorf**

Mohnkuchen

Zutaten

Für den Teig
350 g Mehl
200 g Quark
100 g Zucker
125 g Butter
1 Päckchen Vanillinzucker
1 Päckchen Backpulver
1 Prise Salz

Für den Belag
1,5 l Milch
250 g Mohn, gemahlen
125 g Grieß
1 Päckchen Vanillepudding
Zucker nach Geschmack
1 Prise Salz
2 Becher Schmand
4 Päckchen Vanillinzucker

Für den Guss
2 Eiweiß (Schnee)
2 Eigelb
1 EL Zucker
1 Prise Salz
2 Becher Schmand

Zubereitung

Aus den Teigzutaten einen Knetteig herstellen und ausgerollt auf ein mit Butter bestrichenes Blech legen. Die Milch aufkochen, den Grieß einstreuen und kochen lassen. Das Puddingpulver mit etwas Milch anrühren und in den kochenden Grießbrei rühren. Schließlich den gemahlenen Mohn einstreuen und nochmals aufkochen. Die Masse abkühlen lassen. Schmand, Zucker und etwas Salz unterrühren und auf den Teig verteilen.

Zuletzt den Guss aus Eiweiß, Eigelb, Zucker, Mehl, Vanillinzucker, Salz und Schmand auf der Mohnmasse verteilen und im vorgeheizten Backofen bei 180 Grad 35 Min. backen.

● **Christa Dietz, Mörfelden-Walldorf**

Quarktorte mit Pfirsich

Zutaten

50 g Fruchtzucker
80 g Butter
125 g Weizenvollkornmehl
500 g Magerquark
100 g Milch (1,5 %)
100 g Fruchtzucker
½ abgeriebene Zitronenschale
6 Blatt Gelatine
3 Eiweiß
10 g geraspelte Schokolade
300 g Pfirsiche

Zubereitung

Aus Fruchtzucker, Butter, Weizenvollkornmehl und evtl. 1–2 TL kaltem Wasser einen Mürbeteig herstellen und in Alufolie einwickeln. Ca. ½ Stunden im Kühlschrank ruhen lassen. Teig in eine Springform (24 cm) rollen, bei 200 Grad ca. 10–15 Minuten backen und kalt werden lassen.

Magerquark, Milch und Zitronenschale mischen. Gelatine einweichen, Blattgelatine ausdrücken, erwärmen – nicht kochen – und unter die Magerquark-Milch-Zitronenschale-Masse mischen. Alles kalt stellen. Aus Eiweiß und Fruchtzucker Schnee schlagen und unter die erkaltete Quarkmischung geben.

Um den Tortenboden entweder den Springformrand oder einen Tortenrand legen und die erkaltete Quarkmasse auf den Tortenboden geben. Im Kühlschrank kalt stellen. Pfirsiche aus dem Glas in ein Sieb geben und abtropfen lassen. In kleine Spalten schneiden. (Frische Pfirsiche ca. 1–2 Minuten mit etwas Wasser dünsten, die Schale abschälen und dann ebenfalls in kleine Spalten schneiden.) Oberfläche des erkalteten Kuchens mit den Pfirsichscheiben belegen und mit den Schokoladenstreuseln verzieren.

● **Sigrid Weis, Gau-Odernheim**

Schokoladen-Orangenquark-Torte

Zutaten

1 EL Gelatine
¼ Tasse Wasser
1 Tasse Löffelbiskuits
90 g weiche Butter
250 Quark
⅓ Tasse Zucker

600 ml Sahne
150 g dunkle Schokolade
3 EL gemahlene Haselnüsse
1 EL Cointreau
2 TL geriebene Orangenschale

Zubereitung

Gelatine in Wasser einweichen. Butter und klein gedrückte Biskuits vermischen. In eine Springform drücken und in den Kühlschrank stellen. Quark mit dem Zucker verrühren und dann die Gelatine einrühren.

Den Quark in 2 Schüsseln aufteilen. Schokolade im Wasserbad schmelzen. Die eine Quarkhälfte mit der geschmolzenen Schokolade und den Haselnüssen vermischen, die andere Hälfte mit Likör und der Orangenschale. Zuerst den Orangenquark auf den Tortenboden füllen und etwas kalt stellen, dann den Schokoladenquark darüber streichen. Über Nacht in den Kühlschrank stellen.

Am nächsten Tag mit der Sahne verzieren. Evtl. Muster mit der Sahne in den Schokoladenquark mit einem Zahnstocher ziehen und den Rand mit Rosetten o. Ä. verzieren. Mit Schokoladenröllchen verzieren.

● Erika Frommelt, Nidderau

Stachelbeertorte

Zutaten

Für den Teig
250 g Mehl
100 g Zucker
100 g Butter
4 Eigelb
1 TL Backpulver

Für den Belag
1 Glas Stachelbeeren
4 Eiweiß
200 g Zucker
200 g gemahlene Mandeln

Zubereitung

Einen Mürbeteig herstellen und in eine Springform geben. Den Boden mit Stachelbeeren belegen. Eiweiß steif schlagen, Zucker und gemahlene Mandeln unterziehen; die Mandelmasse darüber streichen.

Backzeit ca. 60 Minuten bei 200 Grad. Nach 30–40 Minuten Pergamentpapier auf die Mandelmasse legen.

● **Luise Gotthardt, Asslar**

Adventstorte

Zutaten

Für den Teig
140 g Mehl
60 g gemahlene Mandeln
60 g Zucker
1 Prise Salz
125 g Butter
1 Eigelb

Sonstige Zutaten
3 EL Aprikosenmarmelade
1 Dose Birnen
2 Tafeln Zartbitterschokolade
2 EL Mandellikör (Amaretto)
500 g süße Sahne
2 Vanillinzucker
1 TL Zimt
ausgeschnittene Papiersterne
(ca. 3 Stücke in verschiedenen
Größen)

Zubereitung

Aus den angegebenen Zutaten einen Knetteig herstellen, in eine
gebutterte Springform drücken (26 cm) und mehrmals mit einer
Gabel einstechen. Ca. 15 bis 18 Minuten bei 175 bis 180 Grad
backen.

Tortenring um den erkalteten Boden legen, mit Mandellikör
beträufeln und mit der erwärmten und durch ein Sieb gestrichenen
Marmelade bestreichen. 100 g Zartbitterschokolade mit einem
walnussgroßen Stück guter Butter im Wasserbad schmelzen und
auf die Marmelade streichen. Birnen abtropfen lassen, in Spalten
schneiden und ringförmig auf die Schokolade legen.

Sahne, Vanillinzucker und Zimt steif schlagen und über die Birnen
streichen. Papiersterne auflegen. 1 Tafel Schokolade mit einer
Küchenreibe über die Torte reiben – nicht raspeln. Die Papiersterne
ganz vorsichtig aus der geriebenen Schokolade heben. Tortenring
abnehmen.

● **Inge Brill, Vellmar**

Tränchen-Torte

Zutaten

Für den Mürbeteig

100 g Butter
100 g Zucker
250 g Mehl
3 Eigelb
1 Päckchen Vanillinzucker
1 TL Backpulver

Für den Belag

500 g Quark
½ l Milch
1 Ei
1 Tasse Öl
150 g Zucker
1 Päckchen Vanillepuddingpulver
4 EL Zitronensaft

Für den Guss

3 Eiweiß
4 EL Zuckcr

Zubereitung

Alle Teigzutaten verkneten und auf einer gefetteten Springform (26 cm) ausrollen. Den Rand hochziehen.

Die Zutaten für den Belag miteinander verrühren und auf den Boden geben. 60 Minuten bei 175 Grad backen. Dann Eiweiß mit 1 EL Zucker steif schlagen, den restlichen Zucker unterheben und den Guss auf den heißen Kuchen geben. Kurz überbacken, bis die Oberfläche goldgelb ist. Es bilden sich Tränchen, die knusprig schmecken.

● **Renate Hauzel, Kriftel**

Apfeltraum

Zutaten

100 g Löffelbiskuits	⅛ l Milch
4 EL Calvados	100 g Zucker
700 g Apfelmus	200 g Sahne
250 g Magerquark	Zimt zum Bestreuen
250 g Mascarpone	

Zubereitung

Eine große flache Form mit Löffelbiskuits auslegen. Mit Calvados beträufeln. Apfelmus darauf verteilen. Quark mit Mascarpone, Milch und Zucker verrühren.

Sahne steif schlagen und unterheben. Quarkcreme über das Apfelmus streichen, kühl stellen und gut durchziehen lassen (mind. 2–3 Stunden).

Vor dem Servieren mit Zimt bestreuen.

● **Utah Giebing, Kassel**

Wiener Apfelkuchen

Zutaten

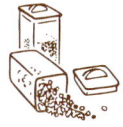

Für den Mürbeteig

200 g Mehl
100 g Zucker
125 g Margarine
1 TL Backpulver
1 Ei

Für die Füllung

6–7 Äpfel

Für den Guss

150 g weiche Butter
125 g Zucker
1 Ei
abgeriebene Schale einer Zitrone
100 g Mehl
¼ l geschlagene Sahne
100 g Mandelsplitter

Zubereitung

Alle Zutaten für den Mürbeteig zu einem glatten Teig kneten und ½ Stunde in den Kühlschrank stellen. Danach in eine gefettete Springform geben und am Rand etwas hochdrücken.

Äpfel schälen, in Spalten schneiden und auf den Teig geben.

Für den Guss alle Zutaten verrühren, danach die geschlagene Sahne unterheben und auf die Äpfel verteilen. Mandelsplitter draufstreuen und bei 200 Grad 35 bis 40 Min. backen.

● **Elfriede Illgen, Kassel**

Apfelweintorte

Zutaten

Für den Teig
250 g Mehl
½ TL Backpulver
1 Ei
125 g Zucker
125 g Butter

Für den Belag
2 Pfund Äpfel
¾ l Apfelwein
200 g Zucker
1 Vanillinzucker
2 Päckchen Puddingpulver

Für die Dekoration
2 Becher Schlagsahne
Zimt, gemahlen

Zubereitung

Die Teigzutaten zu einem Knetteig verarbeiten und eine Springform damit auslegen. Dabei einen 3 cm hohen Rand hochdrücken.

Für den Belag Äpfel schälen, in Würfel schneiden und mit Apfelwein und Zucker weich kochen. Vanillinzucker dazugeben und mit Vanillepudding andicken. Auf den Knetteig geben und alles ca. 40 Minuten bei 180 Grad backen. In der Form über Nacht stehen lassen, am nächsten Tag mit 2 Bechern Schlagsahne verzieren und mit Zimt bestäuben.

● **Astrid Kaden, Frankfurt**

Weihnachtlicher oder herbstlicher Apfelweinkuchen mit warmer Vanillesoße

Zutaten

Für den Boden

125 g Margarine
125 g Zucker
1 Ei
250 g Mehl
2 Vanillinzucker
1 Päckchen Backpulver

Für den Belag

800–1000 g geschälte und
    geschnippelte Äpfel
2 Päckchen Puddingpulver
200–250 g Zucker
2 Päckchen Vanillinzucker
750 ml Apfelwein

Für die Soße

½ l Milch
2 EL Zucker
1 Päckchen Vanillesoße

Zubereitung

Alternativ für Leute, die keinen Alkohol mögen, kann das Rezept auch mit Apfelsaft gebacken werden, man muss dann nur den Zuckeranteil beim Belag entsprechend reduzieren.

Margarine, Zucker, Ei, Mehl, Vanillinzucker und Backpulver zu einem glatten Teig mit der Maschine oder dem Handrührgerät verarbeiten. In eine gefettete und panierte Springform geben, dabei nicht vergessen, einen Rand hochzuziehen, der bis fast an den Springformrand reicht.

Äpfel schälen und klein schnippeln, in einer Schüssel mit etwas Zucker und Zimt bestreuen und eine halbe Stunde ziehen lassen. Puddingpulver mit 6 EL von dem Apfelwein anrühren und den restlichen Apfelwein mit dem Zucker und Vanillinzucker aufkochen. Die Äpfel auf dem Boden verteilen und die heiße Masse über die Äpfel gießen.

Im vorgeheizten Backofen bei E-Herd 175 Grad, Gas Stufe 2 oder Umluft 150 Grad 90 Min. backen. Mind. 1 Tag erkalten lassen. Vor dem Servieren 1 Tütchen Vanillesoße mit ½ Milch aufkochen und zu dem Kuchen anbieten. Man kann den Kuchen auch noch mit Sahne verzieren.

● **Anneliese Fuhrmann**

Birnenkuchen

Zutaten

375 g Mehl
250 g Butter
325 g Zucker
5 Eier
1 Pr. Salz
10 reife Birnen
1 Zitrone
200 g Schlagsahne
2 Eigelb
1 Päckchen Vanillinzucker
100 g Mandelblättchen
2–3 EL Hagelzucker
200 ml Milch

Zubereitung

Mehl, Butter, 125 g Zucker, 1 Ei und Salz miteinander verkneten. Ca. 30 Minuten kühlen. Birnen schälen, halbieren und entkernen. Hälften mehrmals einschneiden und mit Zitronensaft beträufeln.

Teig in die eingefettete Form geben und am Rand hochdrücken. Mit Birnen belegen. Milch, Sahne, die restlichen Eier, 100 g Zucker und den Vanillinzucker verrühren und über die Birnen gießen. Bei 175 Grad ca. 1 Stunde backen.

Birnen in allen Variationen

Der Birnbaum hatte bei den Germanen eine religiöse Bedeutung. Er flößte ihnen Achtung und Ehrfurcht vor der Natur ein, weil er bis zu 15 Metern hoch und 200 Jahre alt werden konnte. Birnbäume standen oft einsam in einer Feldflur, verhangen von Mistelbüschen.

In den Klöstern der Benediktiner wurden im Mittelalter über 50 Birnensorten gezüchtet. In dieser Zeit gab es Ärzte, die vom rohen Verzehr des köstlichen Obstes abrieten. Die »stark blähenden Birnen« sollten immer mit Nelken gespickt und in Rotwein eingelegt gegessen werden.

Inzwischen zählt man rund um den Erdball rund 1500 verschiedene Birnenarten. Doch nur wenige Sorten finden sich in den Geschäften.

Am bekanntesten ist die saftige Williams Christ; ideal zum Backen und auch als Kompott. Clapps Liebling, eine dickbauchige gelb-grüne Sorte, eignet sich für Kuchen und den Nachtisch »Birne Helene«.

Ab Oktober wird die saftige, süße Alexander Lucas geerntet. Die hält sich im kühlen Keller gut sechs Wochen.

Zwei Tipps:

- Damit sich geschälte Birnen nicht verfärben, mit Zitronensaft beträufeln.

- Birnen schmecken frisch geerntet nicht immer gut. Sie müssen nachreifen: im Lagerhaus oder zu Hause bei Zimmertemperatur.

Den restlichen Zucker schmelzen und die Mandeln unterrühren. Abkühlen lassen. Den Krokant mit einer Nudelrolle zerbröseln. Dann den Kuchen mit Mandelkrokant und Hagelzucker bestreuen.

● **Sieglinde Blumtritt, Grünberg**

Zarter Mousse au Chocolat Erdbeertraum

Zutaten

Mürbeteig für den Unterboden
150 g Mehl
1 Messerspitze Backpulver
40 g Zucker
1 Päckchen Vanillinzucker
100 g Butter

Für die Klebemasse
Blockschokolade
1 Ei
Kokosfett

Brauner Biskuitboden
4 Eier
2 EL warmes Wasser
175 g Zucker
1 Päckchen Vanillinzucker
1 Prise Salz
abgeriebene Schale einer
    Zitrone
100 g Mehl
100 g Speisestärke
2 gestrichene TL Backpulver
30 g Kakao (mit Mehl und
    Speisestärke mischen und
    sieben)

Heller Biskuitboden
Rezept wie vorher, jedoch nur
    die halbe Menge und diese
    ohne Kakao und etwas weniger
    Zucker (75 g)

Mousse au Chocolat
(am Vortag zubereiten!)
750 g süße Sahne
225 g Zartbitterschokolade
2 Päckchen Vanillinzucker

Für die Erdbeersahne
500 g süße Sahne
5 Blatt Gelatine
600 g Erdbeeren
1 Päckchen Vanillinzucker
Puderzucker

Zubereitung

Alle Zutaten für den Mürbeteig zu einem glatten Teig kneten und auf einen Springformboden legen. Mürbeteig mehrmals mit einer Gabel einstechen und ca. 15 Min. bei 200 Grad abbacken.

Braunen Biskuitteig in eine Springform füllen und bei 175–195 Grad ca. 20–30 Minuten backen. Nach dem Abkühlen waagerecht teilen.

Hellen Biskuitteig wie den dunklen Boden zubereiten, jedoch nur die halbe Menge und diese ohne Kakao und mit etwas weniger Zucker (75 g). Abbacken wie vorher – ca. 20 Min.

Für die Klebemasse Blockschokolade und Kokosfett zu gleichen Teilen erwärmen, nach dem Abkühlen 1 kleines Ei unter die Masse rühren. Auf dem gebackenen Mürbeteig verteilen und gleich den 1. Biskuitboden drauflegen.

Für die Mousse au Chocolat die Schokolade grob teilen. Sahne ohne Vanillinzucker aufkochen und die Schokolade darin unter Rühren auflösen. Schokosahne in eine Rührschüssel füllen und über Nacht im Kühlschrank aufbewahren. Am nächsten Tag die Schokoladensahne mit Vanillinzucker mit einem Handrührgerät steif schlagen.

Für die Erdbeersahne die Sahne steif schlagen, Gelatine einweichen und erwärmen. In die Sahne rühren. Vanillinzucker und Puderzucker nach Geschmack einarbeiten. 300 g Erdbeeren pürieren, 300 g Erdbeeren klein würfeln und unter die Sahne mengen.

Torte zusammensetzen

Den dünnen Unterboden mit der Klebemasse bestreichen. Einen ca. 2 cm hohen, braunen Biskuitboden auflegen, Erdbeersahne einfüllen, dabei ca. 3 cm am Rand und in der Mitte ca. 4–5 cm. Den zweiten braunen Biskuitboden ca. 1 cm hoch auflegen und mit ca. 1–2 cm Mousse au Chocolat bestreichen. Ca. 2 cm hellen Biskuitboden auflegen und ca. 1 cm Mousse au Chocolat aufbringen. Die Torte mit Mousse au Chocolat bestreichen, Rand mit aufgeschnittenen Erdbeeren garnieren. Jedes Stück Torte mit einem Sahnetupfen und einer Erdbeere garnieren.

● Margareta Bitsch, Rimbach-Zotzenbach

Weiße Lady

Zutaten

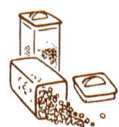

Für den Mürbeteigboden

150 g Weizenmehl
½ gestrichener TL Backpulver
40 g Zucker
1 Päckchen Vanillinzucker
125 g Margarine
1 Prise Salz

Sonstige Zutaten

3 EL Aprikosenmarmelade
110 ml Cointreau
1 EL Zitronensaft
1 Marzipan-Decke
30 g Puderzucker
Schokoladen-Dekorblättchen

Für den Biskuitboden

3 Eier
2 EL warmes Wasser
80 g Zucker
50 g Mehl
50 g Stärkemehl
1 Päckchen Vanillinzucker
1 Prise Salz
1 Messerspitze Backpulver

Zubereitung

Den Knetteig in einer 26 cm Form ca. 18–20 Minuten backen. Den Biskuitboden nach gewohnter Weise herstellen und ca. 20 Minuten backen.

Den Knetteigboden mit 2 EL Aprikosenmarmelade – verrührt mit 1 EL Cointreau – bestreichen. Den Biskuitboden darauf setzen. In den Biskuitboden Löcher einstechen und mit 100 ml Cointreau tränken. Gut 1 EL Aprikosenmarmelade mit 1 EL Cointreau erwärmen und durch ein Sieb streichen. Den Kuchen damit bestreichen. Mit einer Marzipan-Decke belegen, fest andrücken, ca. 30 g Puderzucker mit 1 EL Cointreau und 1 EL Zitronensaft verrühren, den ganzen Kuchen damit bestreichen. Als Garnitur Schokoladen-Dekorblättchen oder Belegkirschen verwenden.

● **Inge Baum, Mühltal**

Himbeertorte

Zutaten

Für den Knetteigboden

150 g Mehl

1 ½ TL Backpulver

65 g Zucker

1 Vanillinzucker

65 g Butter

1 Ei

Für den Belag

200 g Frischkäse

150 g Zucker

2 Becher süße Sahne (400 g)

2 Zitronen

1 Päckchen Götterspeise,
    Himbeergeschmack

150 ml Wasser

300 g Himbeeren

1 Tortenguss rot

Zubereitung

Zutaten für den Boden miteinander verkneten und in einer Springform (26 cm) 15 – 20 Min. bei 190 Grad backen. Nach dem Backen sofort zum Auskühlen auf einen Kuchendraht legen.

Für den Belag die Götterspeise im Wasser durch Erwärmen auflösen. Frischkäse mit Zucker gut verrühren, Saft der Zitronen dazugeben, die geschlagene Sahne und anschließend die abgekühlte Götterspeise unterheben. Den Knetteigboden auf einer Tortenplatte mit einem Tortenring umgeben. Die Frisch-käsemasse auf den Boden geben und im Kühlschrank ca. 1 Stunde fest werden lassen.

Die Himbeeren auf die feste Käsemasse geben. Den Tortenguss nach Anweisung zubereiten und die Früchte damit überziehen. Bis zum Verzehr im Kühlschrank aufbewahren.

● **Hiltrud Duttiné, Altenstadt**

Heidelbeer-Mascarpone-Torte

Zutaten

Für den Knetteigboden

150 g Mehl gesiebt
½ TL Backpulver
75 g Butter
50 g Zucker
1 Ei
1 Prise Salz

Für die Creme

12 Blatt weiße Gelatine
2 Vollmilch-Joghurt
Saft einer Zitrone
4 cl Cream-Sherry
¼ l Sahne

Für den Belag

500 g frische Heidelbeeren
    oder 2 Gläser
2 Päckchen klarer
    Tortenguss

Heidelbeeren, Blau- oder Schwarzbeeren

Egal welcher Name – im Angebot überwiegen Kulturheidelbeeren aus Plantagen. Sie sind größer und fester als Waldheidelbeeren und haben keine tiefblaue Farbe.

Heidelbeeren sind empfindliche Früchte. Zwei, drei Tage in der Wärme transportiert – schon fangen sie an zu schimmeln. Deshalb sieht das frische Angebot in den Supermärkten manchmal traurig aus. Die unteren Lagen sind oft schimmelig. Deshalb genau hinschauen.

Wenn Sie sich selbst im Wald auf die Suche machen wollen: Heidelbeeren können mit Fuchsbandwürmern befallen sein. Die Wildbeeren deshalb immer gründlich waschen und nicht roh verzehren. Am besten kurz erhitzt oder auf dem Kuchen gebacken.

Tiefgefrorene Beeren vor der Verarbeitung nicht auftauen. So verlieren sie weniger Saft.

Zubereitung

Alle Zutaten für den Boden rasch zu einem Knetteig verarbeiten, ca. 1 Std. im Kühlschrank ruhen lassen.

Für die Creme Gelatine einweichen. Mascarpone, Vollmilch Joghurt, Zitronensaft und Cream-Sherry miteinander verrühren, aufgelöste Gelatine unterziehen und kalt stellen. Sahne schlagen.

Sobald die Creme zu gelieren beginnt, steif geschlagene Sahne unterheben und auf den Tortenboden, der mit einem Ring umstellt ist, füllen.

Früchte auf der Creme verteilen, mit Tortenguss, der aus dem Fruchtsaft (Glas) zubereitet wird, überziehen. 2–3 Stunden gut kühlen.

● **Runhilde Kloster, Otzberg-Hering**

Festtagstorte

Zutaten

Für den 1. Teig

125 g Weizenmehl
1 Messerspitze Backpulver
50 g Zucker
1 Päckchen Vanillinzucker
1 Eigelb
70 g Margarine

Für den 2. Teig

200 g Marzipanrohmasse
3 Eigelb
4 Eiweiß
30 g Zucker
1 Päckchen Vanillinzucker
50 g Weizenmehl
2 gestr. TL Backpulver
50 g abgezogene gemahlene
   Mandeln

Für die Füllung

10 Blatt weiße Gelatine
150 ml Milch
120 g Zucker
2 Päckchen Bourbon-Vanillinzucker
4 Eigelb
1000 ml Sahne (4 Becher zu 250 g)

Für den Guss

1 Päckchen Tortenguss klar
25 g Zucker
¼ l Flüssigkeit (halb Wasser,
   halb Saft)
1 Glas Sauerkirschen

Sonstige Zutaten

1 Glas Sauerkirschen
½ Päckchen Tortenguss klar
20 g Zucker
⅛ l Flüssigkeit (Apfelsaft /
   Sauerkirschsaft)
30 g gemahlene Pistazien

Zubereitung

Aus den erstgenannten Zutaten einen Knetteig zubereiten, in einer Springform (26 cm) bei 180 Grad ca. 15 Min. backen. Nach dem Backen sofort auf eine Tortenplatte legen.

Für den zweiten Teig die Marzipanrohmasse mit Eigelb schaumig rühren. Eiweiß mit 2 TL Zucker steif schlagen. Restlichen Zucker und Vanillinzucker mit Marzipan-Eigelbmasse verrühren, dann die Hälfte des Eischnees unterheben. Mehl, Backpulver und Mandeln unterrühren. Dann den restlichen Eischnee vorsichtig unter den Teig heben. Teig in eine Springform füllen und ca. 30 Min. bei 180 Grad backen. Nach dem Backen auf einem Küchenrost abkühlen lassen und einmal waagerecht durchschneiden.

Für die Füllung Gelatine in kaltem Wasser 5 Minuten einweichen. Milch, Zucker, Vanillinzucker kurz aufkochen lassen, von der Kochstelle nehmen. Die Eigelbe unterschlagen, kurz aufkochen lassen und wieder von der Kochstelle nehmen. Die ausgedrückte Gelatine hinzufügen und auflosen. Eigelbmilch erkalten lassen und mit der steif geschlagenen Sahne vermengen.

Guss zubereiten aus Tortenguss, Zucker und Flüssigkeit. Mit den abgetropften Sauerkirschen vermengen, erkalten lassen und auf dem Knetteigboden verteilen. Darauf knapp ¼ der Creme streichen, mit unterem Marzipanboden bedecken, mit knapp ¼ Creme bestreichen, mit oberem Boden bedecken. Obere Seite und Tortenrand mit einem Teil Creme bestreichen. 12 Stücke andeuten.

Jedes 2. Stück (angedeutet) mit den abgetropften Kirschen belegen. Guss zubereiten aus Tortenguss, Zucker und Flüssigkeit und die Kirschen damit bepinseln. Abkühlen lassen. Die übrigen Tortenstücke mit der restlichen Creme verzieren und mit den Pistazien bestreuen.

● **Erika Jung, Bad Homburg**

Engadiner Walnusstorte

Zutaten

Für den Knetteig

250 g Mehl
90 g Zucker
1 Eigelb
1 Päckchen Vanillinzucker
1 Prise Salz
100 g kalte Butter
etwas abgeriebene Orangenschale
½ gestr. TL Backpulver

Für die Füllung

300 g Walnusskerne
200 g Zucker
2–3 EL Honig
200 g Schlagsahne

Zubereitung

Für den Teig die Zutaten mischen und einen Knetteig herstellen, gleichmäßig in eine gefettete Springform (26 cm) drücken und einen Rand auslegen. Etwas Teig für das Gitter zurückhalten.

Für die Füllung den Zucker in einem Topf heiß werden lassen und karamellisieren, Honig dazugeben und unter Rühren 200 g flüssige Sahne dazugeben. Wenn sich alles gelöst hat, Walnusskerne hinzufügen und alles in die Springform füllen. Aus dem übrig gelassenen Teig ein Teiggitter formen und darüber legen. Ein Eigelb, etwas Kirschwasser und Milch verrühren und die Teigstreifen bestreichen.

Backzeit: 30 Minuten bei 180 bis 200 Grad.

Süße Verlockung

Jahrhundertelang wurde in Europa nur mit Honig gesüßt. Die Mönche betrieben die Bienenzucht mit großer Hingabe. Sie verkauften die Süße und so ganz nebenbei hatten sie dann noch eine Menge Wachs für die Beleuchtung der Kirchen. Bienenschwärme waren zu allen Zeiten streng geschützt. Wer sie sich unberechtigt aneignete und ihrem Besitzer nicht zurückgab, wurde mit 20 Peitschenhieben bestraft.

Honig besser als Zucker?

Honig ist im Kuchen und Gebäck nicht immer besser als Zucker. Der weiße Haushaltszucker ist ein reines Kohlenhydrat, ohne Vitamine und Mineralien. Honig dagegen enthält neben Frucht- und Traubenzucker noch winzige Spuren Vitamin B1, B2, Spurenelemente, Pollen- und Aromastoffe. Wenn Sie Ihren Vitaminbedarf mit Honig decken wollten, müssten Sie auf einmal 10 Kilo essen. Dann erst hätten Sie ein Drittel des Tagesbedarfs an Vitamin B1 erreicht.

Von den Imkern gelobt werden die zwölf verschiedenen Enzyme und Inhibine. Die machen den Honig haltbar und sollen Linderung bei Infektionen der oberen Atemwege bringen.

Belegt ist, dass die Wirkung der Inhibine bei Temperaturen über 40 Grad C zerstört werden. Wenn Sie Honig in heiße Milch rühren, dann bleibt eigentlich nichts als die süße Zuckerverbindung, wie sie in jedem Haushaltszucker vorkommt.

Nicht anders ist es beim Kuchen. Beim Backen gehen all die gesundheitlich wertvollen Stoffe verloren, die den Honig vom Zucker unterscheiden. Was bleibt, ist dann der Geschmack – aber auf den kommt es bei den Gewürztalern und Lebkuchen schließlich an.

● **Christine Liebelt, Niestetal**

Pflaumen-Sahne-Torte

Zutaten

Für den Teig

150 g Mehl
½ TL Backpulver
100 g Margarine
75 g Zucker
1 Ei
1 Prise Salz

Für die Füllung

1 großes Glas Pflaumen oder frische Pflaumen ohne Stein
2 EL Zucker
Saft einer Zitrone
12 Blatt Gelatine
2 Becher Sahne (ca. 250 g)
12 kandierte Veilchen
24 kandierte Rosenblätter

Zubereitung

Die Teigzutaten zu einem Mürbeteig verarbeiten und in eine Springform geben. Bei 200 Grad ca. 20 Minuten backen.

Pflaumen abtropfen lassen, Saft auffangen und ⅛ l für den Spiegel beiseite stellen. Früchte mit restlichen Saft pürieren und Zucker und Zitronensaft dazugeben. 9 Blatt Gelatine 10 Minuten im kalten Wasser einweichen, ausdrücken, im warmen Wasserbad auflösen und zu dem Pflaumenpüree geben. Erkalten lassen, bis es beginnt fest zu werden.

Inzwischen Sahne steif schlagen, etwas als Verzierung in einen Spritzbeutel füllen, restlichen Sahne unter das Pflaumenpüree heben.

Alles gleichmäßig auf den Tortenboden streichen und kalt stellen, bis die Pflaumensahne fest ist. Restliche Gelatine einweichen, ausdrücken, auflösen und unter den ⅛ l Pflaumensaft rühren. Dieses als dünnen Spiegel auf die Pflaumensahne gießen.

Kalt stellen. 12 Tortenstücke auf der Oberfläche markieren. Auf jedes Tortenstück einen Sahnetupfer spritzen und jedes Stück mit je einem kandierten Veilchen und zwei Rosenblättern verzieren.

● **Margot Hankel, Steffenberg**

Zitronentorte

Zutaten

Für den Knetteig

200 g Weizenmehl
1 Messerspitze Backpulver
75 g Zucker
1 Päckchen Vanillinzucker
1 Eigelb
5 Tropfen Zitronenaroma
100 g Butter

Für die Füllung

150 g Zucker
1 Päckchen Vanillinzucker
150 g Butter
4 Eier
150 ml Zitronensaft
50 ml Wasser
½ Päckchen Puddingpulver
    Vanillegeschmack

Für den Belag

500 ml Schlagsahne
2 Päckchen Sahnesteif
50 g Zucker
250 g Magerquark
4 EL Zitronensaft

Zubereitungszeit: 40 Min., Backzeit: 30–35 Min.
Ober- und Unterhitze: ca. 180 Grad, Heißluft: ca. 160 Grad,
Gas: Stufe 3–4.

Zubereitung

Für den Knetteig Mehl und Backpulver mischen und in eine Rührschüssel sieben.

Zucker, Vanillinzucker, Zitronenaroma, Eigelb und Butter oder Margarine hinzufügen.

Die Zutaten mit dem Handrührgerät mit Knethaken zunächst kurz auf niedrigster, dann auf höchster Stufe gut durcharbeiten. Anschließend auf der bemehlten Arbeitsfläche zu einem glatten Teig verkneten. Sollte der Teig kleben, ihn eine Zeit lang kalt stellen.

Etwa 2/3 des Teiges auf einer gefetteten Springform (26 cm) ausrollen und mehrmals mit einer Gabel einstechen. Den Springformrand um die Form legen und die Form auf dem Rost in den Backofen schieben. Backzeit ca. 10 Minuten.

Den Tortenboden in der Form erkalten lassen. Den restlichen Teig zu einer Rolle formen und so an die Form drücken, dass ein höchstens 3 cm hoher Rand entsteht.

Für die Füllung Zucker, Vanillinzucker, Butter, Eier, Zitronensaft, Wasser und Puddingpulver in einen Kochtopf geben und unter Rühren kurz aufkochen lassen. Die Masse auf den Boden geben und glatt streichen. Den Kuchen weitere 20–25 Minuten backen.

Das Gebäck in der Form erkalten lassen. Nach dem Erkalten sofort auf eine Platte legen.

Für den Belag Sahne mit Sahnesteif und Zucker steif schlagen. Quark mit Zitronensaft verrühren und die Sahne unterheben. 1/3 der Sahnequarkmasse in einen Spritzbeutel mit großer gezackter Tülle füllen. Tortenoberfläche und Tortenrand mit der restlichen Masse bestreichen. Die Torte mit der Masse aus dem Spritzbeutel verzieren.

Saftiges in der Schale

Zitrusfrüchte

Zitrusfrüchte sind die »Goldenen Äpfel« der griechischen Antike. Vor 300 Jahren waren Orangen- und Zitronenbäume noch das Privileg der Reichen. Sie fehlten in keiner Orangerie und die leuchtenden Früchte zierten die Festtafeln.

Apfelsinen oder Orangen stammen ursprünglich aus China. 400 verschiedene Sorten soll es geben. Am ältesten und bekanntesten ist die Navel Orange, die Nabel-Orange mit hellem Fruchtfleisch und viel Aroma und Süße.

Weniger zum Frischverzehr als vielmehr für die industrielle Verarbeitung gedacht sind die dickschaligen, bitteren, leuchtend grünen und orangefarbenen *Pomeranzen*. Die besten kommen aus dem spanischen Sevilla. Aus dem Fruchtfleisch wird die köstliche Orangenmarmelade gekocht, aus der Schale wird das Orangeat hergestellt und Liköre destilliert wie Grand Marnier, Curaçao oder Cointreau.

Ätherische Öle für die Küche, die Duftlampe oder zur Körperpflege werden aus der Schale der Pomeranze gepresst, aber auch den ledrigen Blättern und den weißen Blüten.

Die *Bergamotte* ist eine Bitterorange und kaum genießbar. Doch in der leuchtend gelben, dicken Schale ist reichlich ätherisches Öl enthalten. Damit werden Liköre, Tabak und Tees aromatisiert. Bestes Beispiel ist der mit Bergamotte-Öl parfümierte schwarze Tee Earl Grey.

Golden orange nennen die Engländer *Kumquats*. Der Name aus dem Indischen abgeleitet bedeutet »Zwergorange«. Der Pektingehalt ist hoch, deshalb werden Kumquats zu Konfitüren und Marmeladen verarbeitet oder in flüssige Schokolade getaucht und als Konfekt serviert. Die Früchte sind ideal zur Dekoration von Kuchen und Torten.

»Zwergorangen« hängen trauben-
artig an den Ästen und werden
deshalb in Gärtnereien auch als
Zierpflanze angeboten.

Der Name »Mandarinen« steht
als Sammelbegriff für Kreuzungen
und Mutationen, die kleiner
sind als Orangen und meistens
eine dünne, leicht ablösbare Schale
haben. Eine Variante sind die
Tangarinen, eine Mandarinenart,
die nach der marokkanischen Stadt
Tanger benannt wurde.

Die kernlosen *Satsumas*, nach
einer japanischen Provinz benannt,
werden vor allem in Japan angebaut.

Clementinen aus Algerien sind
durch reinen »Zufall« entstanden
aus einer Kreuzung von Mandarinen und dickschaligen Pomeranzen.

Tipps zum Einkauf

- Wenn sich bei Mandarinen
  die Schale wölbt und »Dellen«
  hat, dann sind die Früchte
  meist üppig gedüngt und viel
  zu schnell gewachsen. Das
  Fruchtfleisch ist strohig und
  trocken.

- Wenn Sie besonders saftige
  Apfelsinen zum Auspressen
  möchten, achten Sie auf eine
  glatte, dünne Schale.

- Wollen Sie Orangenschale
  abreiben, kaufen sie dick-
  schalige Früchte.

- Grüne Flecken auf Apfelsinen
  und Zitronen sind kein Zeichen
  für unreife Früchte. Im
  Gegenteil: Die grünen Stellen
  entstehen durch allzu warme
  Witterung während des Wachs-
  tums.

- Zitrusfrüchte sind normaler-
  weise mit Schimmelbekämp-
  fungsmitteln behandelt, wenn
  nicht ausdrücklich »unge-
  spritzt« am Regal oder auf der
  Verpackung steht.

- Waschen Sie sich nach dem
  Schälen die Hände, denn die
  Mittel reizen die Haut.

Rezepte mit Rührteig

Über den Rührteig

Der Rührteig wird auch »Eischwer-Teig« genannt. Die Mengen der Zutaten berechnen sich immer nach dem Gewicht der Eier. Faustregel: kleine Eier = weniger Menge an Zutaten; große Eier = größere Menge an Zutaten.

Der Rührteig ist halbflüssig und wird, wie sein Name schon sagt, »gerührt«. Im Gegensatz zum Hefe- oder Mürbeteig wird der Rührteig nur zu süßen Backwaren verarbeitet. Wie beliebt er ist, zeigen die vielen Rührteig-Rezepte unserer Hörer.

Ein Tipp: Sie können das Mehl bis zur Hälfte durch feine Speisestärke ersetzen. Weil sich beim Backen weniger Kleber entwickelt, wird der Kuchen so besonders locker. Unser Beispielrezept geht von vier normal großen Eiern aus.

Zutaten

250 g Butter
200 g Zucker
1 Päckchen Vanillinzucker
1 Prise Salz
abgeriebene Schale einer unbehandelten Zitrone
4 Eier
300 g Mehl
2 TL Backpulver
4 EL Milch

Zubereitung 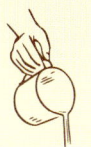 Die Butter in einer großen Schüssel schaumig rühren. Zucker und Vanillinzucker dazugeben und so lange rühren, bis sich der Zucker gelöst hat. Dabei Salz und abgeriebene Zitronenschale hinzufügen. Die Eier nach und nach sorgfältig unterrühren.

Mehl mit dem Backpulver vermischen und fein sieben. Erst einen Teil des Mehles mit einem Teil der Milch in die Masse einrühren, dann den anderen.

Je nach Anweisung eine Kasten-, Spring- oder Napfkuchenform einfetten und mit Semmelbröseln ausstreuen. Den Teig hinein-füllen, glatt streichen und bei 180 Grad im vorgeheizten Ofen backen.

● **Hildegard Griesel, Knüllwald-Wallenstein**

Heidelbeerkuchen mit Eierlikör

Zutaten

Für den Teig

250 g Puderzucker
5 Eier
⅛ l Eierlikör
⅛ l Öl
125 g Speisestärke
125 g Mehl
1 Päckchen Backpulver

Für den ersten Belag

2 Gläser Heidelbeeren
3 Päckchen roter Tortenguss
2 EL Zucker

Für den zweiten Belag

600 ml Schlagsahne
Zucker nach Geschmack
⅛ l Eierlikör

Zubereitung

Puderzucker, Eier und Eierlikör 5 Minuten schlagen, dann das Öl langsam unterrühren. Speisestärke, Mehl und Backpulver mischen und unterheben. Teig auf ein gefettetes Backblech streichen und bei 180 Grad 20 Min. backen.

Die Heidelbeeren auf einem Sieb gut abtropfen lassen und den Saft mit Wasser auf ¾ l Flüssigkeit auffüllen. Tortenguss und Zucker unterrühren und aufkochen lassen. Anschließend die Heidelbeeren dazugeben. Die erkaltete Masse auf den Boden streichen.

Für den 2. Belag die geschlagene Sahne über die Heidelbeeren streichen und den Eierlikör über die Sahne geben.

● **Helmut Kircher, Gelnhausen**

Fünf-Tassen-Kuchen aus den Jahren nach 1945

Zutaten

Für den Rührteig	Für die Buttercreme
1 Tasse Mehl	1 l Milch
1 Tasse Zucker	3 Päckchen Vanillepudding
1 Tasse Grieß	2 Fläschchen Buttervanille
1 Tasse Haferflocken	½ Pfund Butter
1 Tasse Milch	½ Pfund Margarine
5 Eier	
1 Päckchen Backpulver	

Zubereitung

Zucker und Eigelb schaumig rühren und nach und nach das gesiebte Mehl, Backpulver, Grieß, Haferflocken und Milch, so viel wie man braucht, hinzufügen. Zum Schluss das zu Eischnee geschlagene Eiweiß unterheben. 26-cm-Backform mit Alufolie auslegen. Backzeit im Elektroherd bei 190 Grad bis zu einer Stunde.

Aus Milch und Puddingpulver den Vanillepudding kochen und nach dem Kochen 2 Fläschchen Buttervanille dazugeben. ½ Pfund Butter und ½ Pfund Margarine schaumig schlagen und dann nach und nach den erkalteten Pudding unterschlagen, so dass es eine cremige Masse ergibt. Den erkalteten Boden 2-mal aufschneiden und mit der Creme füllen und verzieren. Den Rand nach Wunsch mit gerösteten Mandeln belegen.

● **Marita Weicker-Ditter, Alsfeld**

Apfel-Schmand-Kuchen

Zutaten

Für den Quark-Öl-Teig
200 g Quark
125 ml Sojaöl
125 ml Milch
100 g Zucker
Mark einer Vanilleschote
1 Päckchen Vanillinzucker
1 Prise Salz
400 g Mehl
1 Päckchen Backpulver
Sojaöl zum Einfetten

Für den Belag
1,5 kg säuerliche Äpfel
4 Eier
50 g Zucker
2 Becher Schmand à 250 g
100 ml Sahne
abgeriebene Schale einer
    unbehandelten Zitrone

Für die Dekoration
Minzblättchen oder Pistazien-
    kerne

Zubereitung

Quark mit Öl, Milch, Zucker, Vanillemark, Vanillinzucker
und Salz mit dem Mixer glatt rühren. Die Hälfte des
mit Backpulver vermischten und gesiebten Mehls einrühren.
Restliches Mehl auf dem Backblech bzw. Backbrett darunter
kneten.

Teig zu zwei Drittel ausrollen und auf ein gefettetes
Backblech legen.

Äpfel schälen und mit einem Apfelausstecher das Kerngehäuse
entfernen. Äpfel in dünne Scheiben schneiden und auf
dem Teig verteilen. Für den Guss Eier, Zucker, Schmand,
Sahne und Zitronenschale verrühren. Auf den Apfelscheiben
verteilen.

Äpfel müssen duften

Keiner weiß, wie viele Apfelsorten es weltweit gibt. Es müssen mehr als 10 000 sein. Und wenn Sie sich in den Geschäften umschauen, dann finden Sie höchstens sechs. Der weltweit erfolgreichste Apfel ist dabei der Delicious. Menschen, die nicht gerne essen, müssen diesem Apfel zu Weltruhm verholfen haben.

Er wurde im 19 Jahrhundert von einem Bauern im US Staat Iowa »erfunden«. Sein Geschmack ist seither auf den niedrigsten gemeinsamen Nenner gebracht worden, der allerdings den höchsten Absatz garantiert.

Weniger Masse aber Klasse bieten Apfelsorten wie Berlepsch. Mit 35 Milligramm Vitamin C pro 100 Gramm kann er es mit Orangen durchaus aufnehmen.

Belepsch schmeckt edel säuerlich, ideal für Apfelkuchen oder Schweizer Apfel-Tarte aus Mürbeteig.

Die altehrwürdige Sorte Goldparmäne aus dem 17. Jahrhundert und Cox Orange zählen ebenfalls zu den köstlichen süßsauren Äpfeln mit viel Vitamin C.

Für den Winter ist der lagerfähige, rauhschalige Boskoop für Bratäpfel gefüllt mit Marzipan, Nüssen und Rosinen genau richtig.

Ein Tipp:

Kaufen Sie Äpfel nicht nur mit dem Augen, sondern auch der Nase. Gute Äpfel müssen nämlich duften.

Restlichen Teig dünn ausrollen (Klarsichtfolie auf Teig erleichtert das Ausrollen) und in dünne Streifen schneiden. Streifen zu einem Gitter über die Äpfel legen. Im vorgeheizten Backofen bei 175 Grad 30–40 Minuten backen.

Mit darauf verteilten Minzblättchen oder Pistazienkernen je nach Geschmack dekorieren.

● **Renate Liske, Schönstadt**

Renates Waffeln

Zutaten

8 Eier
½ l Zitronensprudel
500 g Mehl
1 Päckchen Backpulver
250 g Butter (weich)

1 Fläschchen Buttervanille
1 Päckchen Vanillinzucker
150 g Zucker
Pflaumenmus
Schlagsahne

Zubereitung

Alle Zutaten bis auf Pflaumenmus uns Sahne etwa 6–8 Minuten mit dem Handmixer aufschlagen.

Ein Waffeleisen erhitzen. Nach und nach aus dem Teig Waffeln backen.

Die Waffeln noch heiß mit Pflaumenmus servieren. Das Mus mit Sahnetupfern servieren.

● **Irene Koch, Etterwinden**

Krokantkuchen

Zutaten

Für den Teig
200 g Mehl
200 g Zucker
4 Eier
1 Päckchen Vanillinzucker
1 Päckchen Backpulver

Für die gerösteten Mandeln
80 g Butter
50 g Zucker
200 g Mandeln (gchobelt)
etwas Schokoladenguss

Für die Creme
125 g Butter
100 g Staubzucker
100 g Kokosfett (ausgehen
    und abkühlen lassen)
6 EL Rum
2 Eigelb
1 Päckchen Vanillinzucker

Zubereitung

Aus den oben genannten Zutaten einen Teig rühren, auf ein Backblech geben und bei 160–180 Grad backen und abkühlen lassen.

Dann aus den Zutaten für die Creme eine geschmeidige Masse rühren und auf dem abgekühlten Teigboden verteilen.

Die Butter auslassen, Zucker und Mandeln dazugeben, schön goldbraun rösten, abkühlen lassen und auf die Creme geben. Dann mit etwas Schokoguss gitterförmig überziehen.

● **Ursula Jung, Taunusstein**

Buttermilchkuchen

Zutaten

Für den Teig
1 Vanillinzucker
1 Päckchen Backpulver
2 Tassen Buttermilch
3 Tassen Zucker
3 Eier
4 Tassen Mehl

Für den Belag
50 g Butter
½ Tasse Zucker
1 Tasse Kokosflocken

Zubereitung

Eier, Zucker und Vanillinzucker schaumig rühren, Mehl und Backpulver darüber sieben und zusammen mit der Buttermilch verrühren. Ein Blech, eine Springform oder eine Auflaufform ausfetten und die Masse einfüllen. Ca. 20 Min. bei 200 Grad goldgelb backen.

So warm wie möglich aus der Form stürzen und den noch warmen Kuchen mit der Butter einstreichen. Kokosflocken und Zucker leicht anrösten und auf den warmen Kuchen streuen.

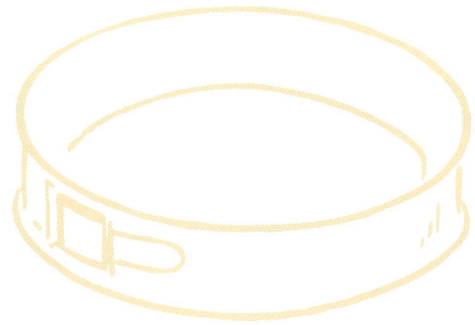

● Erna Weicker, Alsfeld

Aprikosenkuchen mit Kokossahne

Zutaten

1 Dose Aprikosen (500 g Abtropfgewicht)
abgeriebene Schale und Saft von einer Zitrone
50 g Kokosraspel
500 ml Sahne
1 Päckchen Vanillinzucker
2 Päckchen Sahnesteif

Zubereitung

Den Rührteig nach Anweisung zubereiten.

Aprikosen auf einem Sieb gut abtropfen lassen. Rührteig mit Zitronenschale und Saft verrühren. Ein Backblech zur Hälfte mit Backpapier auslegen und den Teig gleichmäßig darauf verstreichen. Die Aprikosen mit der Wölbung nach oben auf dem Teig verteilen. Im vorgeheizten Backofen bei 180 Grad 35–40 Min. goldbraun backen. Ganz auskühlen lassen.

Inzwischen Kokosraspeln in einer beschichteten Pfanne goldbraun rösten. Sahne mit Vanillinzucker und Sahnesteif schlagen, wolkenartig auf den abgekühlten Aprikosenkuchen streichen und mit den Kokosraspeln bestreuen.

● **Erika Rossmann, Lautertal**

Gefüllter Nusskuchen

Zutaten

Für den Teig	Für die Füllung
200 g Margarine	½ l Schlagsahne
200 g Zucker	1 Päckchen Vanillinzucker
100 g gem. Walnüsse	1 EL Kakaopulver
100 g Schokostreusel	6 EL Rum
100 g Mehl	2 Päckchen Sahnesteif
6 Eigelb	
6 Eiweiß (zu Schnee geschlagen)	
1 Päckchen Vanillinzucker	
1 Päckchen Backpulver	

Zubereitung

Für den Teig die Zutaten der Reihe nach mit dem Handrührgerät tüchtig verquirlen, Eischnee zuletzt unterziehen. Bei 150 Grad ca. 1 Stunde in einer Springform backen.

Erkaltet den Kuchen vorsichtig mit einem Esslöffel aushöhlen, (Rand und Boden etwas stehen lassen) und zerkrümelt mit dem Sahnegemisch verrühren und in den Kuchen füllen.

Mit Sahne bestreichen und verzieren.

Im Kühlschrank gut gekühlt durchziehen lassen. Er schmeckt am besten, wenn er 1–2 Tage vor dem Verzehr zubereitet wird.

Knackige Kerne zum Backen

Nüsse sind regelrechte Kraftpakete. Sie liefern zwar reichlich Fett, aber davon die besonders gesunde Variante mit vielen ungesättigten Fettsäuren. Nüsse enthalten außerdem Lecithin. Das bringt das Gehirn auf Trab. Mit 100 Gramm Hasel- oder Walnüssen kann ein Erwachsener die Hälfte des Tagesbedarfs an Vitamin B1 decken – das ist gut für die Nerven und die Konzentration.

Ob Hasel-, Walnüsse, Mandeln oder Cashewkerne: Schauen Sie beim Einkauf nicht nur auf den Preis, sondern auch auf die Qualität. Beutel, in denen verfärbte und verschimmelte Nüsse sind, immer liegen lassen. Denn Schimmel bei Nüssen ist gefährlich. Er enthält das gesundheitsschädliche Pilzgift Aflatoxin.

Ob geschält oder ungeschält: Lagern Sie Nüsse und Mandeln nicht im warmen Küchenschrank. Besser ist ein kühler und trockener Platz.

Fertig gemahlene Wal- und Haselnüsse im Beutel immer in den Kühlschrank legen. Achten Sie aufs Haltbarkeitsdatum, damit sich kein weißer Schimmelrasen bildet. Den können Sie bei gemahlenen Nüssen mit dem Auge kaum erkennen.

Zwei Tipps:

- Mandeln lassen sich leicht häuten, wenn sie mit kochendem Wasser überbrüht werden. Kurz stehen lassen, dann löst sich die braune Haut.

- Ob als Kern oder gemahlen: Mandeln und Nüsse bekommen ein intensiveres Aroma, wenn sie in wenig Butter oder in einer beschichteten Pfanne bei milder Hitze leicht angeröstet werden.

Wo wachsen eigentlich Cashewkerne?

Die nierenförmige wohlschmeckende Cashewnuss kommt aus Indien und Afrika. Die Nuss ist sozusagen der fleischige, verdickte Fruchtstil des roten Cashewapfels. Der sieht eigentlich aus wie eine Birne und wächst überall in den Tropen an stattlichen, zehn Meter hohen Bäumen. Über Jahrzehnte war die Nuss Abfallprodukt. Geerntet wurden nur die Cashewäpfel. Sie werden nicht frisch gegessen, sondern zu Konfitüre, Saft, Wein und Likör verarbeitet. Erst die maschinelle Ernte machte es möglich, die Nuss vom Apfel zu trennen, um von beiden Produkten einen Nutzen zu haben.

● **Erika Schneider, Burbach-Holzhausen**

Apfelsinen-Schichttorte

Zutaten

Für den Teig
175 g Margarine
175 g Zucker
1 Päckchen Vanillinzucker
3 Eier
150 g Mehl
30 g Speisestärke
1 gestr. TL Backpulver

Zum Bestreichen
100 g bittere Schokolade
10 g Kokosfett
etwa 30 g geraspelte Schokolade

Für die Füllung
2 schwach gehäufte TL gemahlene weiße Gelatine
3 EL kaltes Wasser zum Anrühren
2 Stück Würfelzucker
¼ l Apfelsinensaft
1 Päckchen Vanillepuddingpulver
½ l Sahne

Zubereitung

Für den Teig das Fett schaumig rühren und nach und nach Zucker, Vanillinzucker und Eier zugeben. Das mit Speisestärke und Backpulver gemischte Mehl esslöffelweise unterrühren. Die Teigmenge auf vier Böden einteilen und jeweils auf einen gefetteten Springformboden streichen. Jeden Boden im vorgeheizten Ofen bei 175–200 Grad 10 Minuten hellbraun backen. Sofort nach dem Backen die Böden von der Form lösen und erkalten lassen.

Zum Bestreichen Schokolade zerkleinern, in einen Kochtopf im Wasserbad so lange erwärmen, bis sie sich glatt rühren lässt, und dann nur so viel Kokosfett darin auflösen, dass eine streichbare Masse entsteht. Mit einem Pinsel die obere Seite der Böden gleichmäßig mit der Schokolade bestreichen und gut trocknen lassen.

Für die Füllung die Gelatine in das Wasser einrühren und 10 Minuten stehen lassen. Den Apfelsinensaft in eine Schüssel gießen. Das Vanille-Puddingpulver auf einmal zu dem Saft geben und so lange rühren, bis eine cremeartige Masse entstanden ist. Mit den Zuckerstückchen die Schale einer Apfelsine abreiben. Die Gelatine mit dem Würfelzucker unter Rühren erwärmen, bis alles aufgelöst ist. Die Sahne fast steif schlagen, die lauwarme Gelatine unter Schlagen nach und nach hinzufügen und die Sahne vollkommen steif schlagen.

Etwas von der Sahne zum Verzieren in einen Spritzbeutel füllen und die übrige Schlagsahne unter die Apfelsinencreme heben. Die Böden mit der Füllung bestreichen, etwas für den Rand zurücklassen und das Ganze zu einer Torte zusammensetzen. Die oberste Schicht muss aus einem Boden bestehen. Den Rand der Torte mit Sahne bestreichen und mit Schokolade bestreuen. Die Torte mit Sahne verzieren und nach Belieben mit Apfelsinenschalen garnieren.

● **Margitta Gallas, Frankfurt**

Bananentorte

Zutaten

Für den Teig

⅛ l Schlagsahne
2 Eier
125 g Zucker
1 Päckchen Vanillinzucker
175 g Weizenvollkornmehl
½ Päckchen Backpulver

Für die Füllung

6 EL Himbeerkonfitüre
4 EL Bananenlikör
8 Blatt weiße Gelatine
2 unbehandelte Zitronen
2 Eier
2 Becher Vollmilchjoghurt (à 150 g)
100 g Zucker
400 g reife Bananen, gewürfelt
250 g Schlagsahne

Für die Verzierung

3 Blatt weiße Gelatine
500 g reife Bananen
Saft einer Zitrone
¼ l weißer Traubensaft
250 g Schlagsahne
1 Päckchen Vanillinzucker
1 Päckchen Sahnesteif
1 EL gemahlene Pistazien
Zitronenmelisse

Zubereitung

Für den Teig

Schlagsahne, Eier, Zucker, Vanillinzucker verrühren. Mehl und Backpulver mischen und unter die Sahne-Eier-Masse rühren. Springform (26 cm) mit Backpapier belegen. Den Rand leicht einfetten. Im vorgeheizten Backofen auf der 2. Schiene von unten ca. 25 –30 Min. bei 175 Grad backen. Abgekühlten Tortenboden einmal quer durchschneiden. Jeden Tortenboden mit Likör beträufeln und mit Konfitüre bepinseln. Einen Boden auf eine Tortenplatte legen und Springformrand herumstellen.

Für die Füllung

Gelatine einweichen. Schale einer Zitrone abreiben. Beide Zitronen auspressen. Eier trennen. Eigelb, Joghurt, Zucker, Zitronenschale und die Hälfte des Zitronensaftes verrühren. Gelatine bei milder Hitze auflösen und unter die Joghurtmasse rühren. Kalt stellen.

Sahne und Eiweiß getrennt steif schlagen. Sobald die Joghurtmasse zu gelieren beginnt, die Bananenwürfel unterheben. Dann Sahne und Eischnee nacheinander vorsichtig unter die Bananen-Joghurt-Creme ziehen.

Die Hälfte der Creme auf dem Tortenboden verteilen. Zweiten Boden darauf legen und restliche Creme darauf glatt streichen. Etwa eine Stunde kalt stellen.

Für die Dekoration

Gelatine einweichen. Bananen schräg in Scheiben schneiden und mit Zitronensaft beträufeln. Torte von außen nach innen dachziegelartig mit Bananenscheiben belegen.

Gelatine auflösen, Traubensaft unterrühren. Bananenscheiben damit bepinseln und kalt stellen. Sahne steif schlagen, dabei Vanillinzucker und Sahnesteif einrieseln lassen. In einen Spritzbeutel mit großer Sterntülle füllen. Tortenrand wellenartig von oben nach unten mit Sahne bespritzen. Mit gemahlenen Pistazien und Zitronenmelisse verzieren.

● **Marita Flamme, Diemelstadt**

Engelstraumtorte

Zutaten

Vorarbeiten

100 g Rosinen
100 g getrocknete Aprikosen
½ l Glühwein oder Rotwein
100 g gemahlene Walnuss-
    kerne

Für die Füllung

1 Päckchen gemahlene
    Gelatine
2 EL Zitronensaft
2 EL Wasser
750–850 ml Sahne
25 g Zucker
1 Päckchen Vanillinzucker

Für den Teig

200 g Butter
150 g Zucker
1 Päckchen Vanillinzucker
1 Fläschchen Vanille-Butter-
    Aroma
1 Päckchen Orangen-
    oder Zitronenschale
1 TL Zimt
½ TL gemahlene Nelken
    oder Kardamom
6 Eier
75 g aufgelöste halbbittere
    Kuvertüre
250 g Mehl
10 g Kakao
1 Päckchen Backpulver
100 g gemahlene Walnuss-
    kerne

Zubereitung

Vorarbeiten

Die Rosinen mit einem Messer vierteln. Die getrockneten
Aprikosen ebenfalls in kleine Stücke schneiden. Über Nacht in
dem Wein einweichen.

Zubereitung

Aus den Teigzutaten einen Rührteig herstellen. Die Walnusskerne untermischen, schließlich die eingeweichten Früchte mit der Flüssigkeit unterheben.

Den Teig in eine gefettete und mit Paniermehl ausgestreute Springform (28 cm) füllen. Bei 180°C–200°C vorgeheizt ca. 50 Min backen. Den erkalteten Boden aus der Form nehmen und zweimal durchschneiden.

Gelatine mit Wasser und Zitronensaft quellen lassen. Die Sahne mit dem Zucker steif schlagen. Gelatine untermischen. Ein Drittel der Sahne abnehmen und beiseite stellen. Dieser Teil der Sahne wird zum Bestreichen der Ober- und Seitenteile des Kuchens verwendet! Einen Boden mit einem Teil der Sahne bestreichen. Den zweiten Boden darauf legen und ebenfalls Sahne darauf verteilen. Schließlich den dritten Boden auflegen. Mit Sahne überziehen und auch die Seitenteile des Kuchens mit Sahne bestreichen.

200 g halbbittere Kuvertüre und 30 g Kokosfett auflösen und auf einem mit Backpapier ausgelegtem Backblech ausstreichen. Fest werden lassen und Weihnachtsmotive ausstechen oder als Alternative Locken schaben. Die Torte kalt stellen und kurz vor dem Servieren damit garnieren.

● **Ingrid Bickert, Oberaula**

Kirschkuchen auf dem Blech

Zutaten

Für den Teig	Für den Belag
200 g Butter	1 Päckchen Vanillepudding
180 g Zucker	½ l Milch
3 Eier	3 Becher Schmand
220 g Mehl	1 Glas Sauerkirschen
½ Päckchen Backpulver	2 Päckchen Tortenguss
	½ l Saft oder Wasser

Zubereitung

Rührteig aus den genannte Zutaten herstellen und in die Fettpfanne (oder auf Blech mit Rand) geben. Nun bei 180 Grad ca. 20 Min. backen.

In der Zwischenzeit Vanillepudding kochen und in den heißen Pudding den Schmand einrühren (evtl. noch etwas Zucker dazugeben). Die Masse auf den Kuchen verteilen und weitere 15 Min. backen.

Gleich nach dem Backen abgetropfte Sauerkirschen eindrücken.

Tortenguss nach Packungshinweis herstellen und auf den kalten Kuchen geben.

● **Carmela Cantoro, Offenbach**

Italienische Torte

Zutaten

Für den Boden	Für die italienische Cremefüllung
6 Eier	4 Eier
250 g Zucker	8 EL Zucker
250 g Mehl	8 EL Mehl
1 Päckchen Backpulver	1 l Milch
6 Tassen Espresso	1 Zitronenschale
½ Glas Anis oder Vermouth	

Für die Dekoration
2 Becher Schlagsahne

Zubereitung

Die Sahne als erstes steif schlagen und in den Kühlschrank stellen.

Für den Boden die Eier in eine Schüssel geben und mit dem Mixer verrühren, Zucker dazugeben und verrühren. Mehl und Backpulver mischen. Unterheben. Eine Auflaufform mit Margarine einfetten und den Teig einfüllen. Im vorgeheizten Backofen auf 200 Grad backen und anschließend kalt werden lassen.

Während der Boden backt, kann man die italienische Creme vorbereiten. Die Eier in einer Schüssel mit dem Küchenmixer aufschlagen. Zucker hineinrühren und das Mehl nach und nach hinzufügen. Mit dem Mixer gut durcharbeiten. Dann mit einem Kochlöffel weiterrühren und dabei die Milch hinzugeben (immer in eine Richtung rühren!). Den Topf auf den Herd stellen und bei mittlerer Hitze weiterrühren, bis eine Creme entsteht. Den Topf vom Herd nehmen. Mit dem Handmixer noch einmal aufschlagen, damit sich keine Klumpen bilden.

Anis – Duft und Medizin

Die ätherischen Öle des Anissamens beruhigen den Magen. Das wussten schon die alten Römer. Sie reichten nach üppigen Gelagen mit Anis bestreute Kuchen. Möglich, dass diese Kuchen die Vorläufer der heutigen Anisplätzchen waren. Die schmecken nirgends so gut wie auf dem Weihnachtsmarkt, wo sie den Magen versöhnlich stimmen nach Bratwurst, Glühwein, Mohrenköpfen und Lebkuchenherzen.

Bei Anis hat die Natur ein wahres Kunststück vollbracht. Sie schuf zwei Pflanzen, die zwei ganz unterschiedliche Gewürze hervorbringen mit beinahe gleichem Geschmack.

Der Anissamen kommt aus den Dolden einer einjährigen, gut einen Meter hohen Pflanze. Sie wird vor allem in der Türkei angebaut. Der Sternanis dagegen ist eine harte Frucht, die in China an Bäumen wächst.

Ob ganze Samen oder Pulver: Das Gewürz ist ideal für Weihnachtsplätzchen, Apfel-, Pflaumenkuchen und auch Vollkornbrot. Wenn Sie mit Anis würzen, brauchen Sie viel Fingerspitzengefühl. Vorsichtig im Teig dosieren. Nach dem Backen gemahlenen Anis mit Zimt und Zucker gemischt auf den warmen Obstkuchen streuen.

Von einer ungespritzten Zitrone einen Streifen Schale abschneiden. Die Schale in die Creme geben. Creme kalt werden lassen, dann die Schale wieder entfernen.

Der Boden wird gestürzt und mit einem Messer vorsichtig in zwei Teile geschnitten, so dass man einen Unter- und Oberboden hat. Mit Espresso-Anis-Gemisch den unteren Boden befeuchten und mit der italienischen Creme bestreichen. Dann die andere Hälfte vom Boden drauflegen und die Torte mit Sahne garnieren.

Man kann auch in die Creme Fruchtstücke schneiden oder die Torte anstatt mit Sahne mit Obst belegen.

● **Elsbeth Reul, Maintal**

Schneewittchenkuchen

Zutaten

5 Eier	2–3 EL Kakao
250 g Margarine	1 Glas Sauerkirschen
200 g Zucker	200 g Butter
1 Päckchen Vanillinzucker	2 Tafeln bittere Schokolade
250 g Mehl	1 Päckchen Vanillepudding
½ Päckchen Backpulver	und entsprechende Zutaten

Zubereitung

Aus Margarine, Eiern, Zucker, Vanillinzucker, Mehl und Backpulver einen Rührteig bereiten. Zu 2/3 auf ein gefettetes, bemehltes Backblech verteilen. Den restlichen Teig mit dem Kakaopulver verrühren und über den hellen Teig streichen. Die Sauerkirschen abtropfen lassen, die Früchte auf dem Teig verteilen. Bei 175 Grad 35–40 Minuten backen.

Nach Anweisung den Vanillepudding bereiten, mit der schaumig geschlagenen Butter vermischen und auf den Teig streichen. Die Schokolade mit etwas heißem Wasser schmelzen und die Vanillemasse damit bestreichen.

Über Nacht kalt werden lassen. In kleine Quadrate schneiden und nett auf einem Spitzendeckchen anrichten.

● **Gisela Widuch, Langenselbold**

Urgroßmutters Rotweinkuchen

Zutaten

250 g Butter
250 g Zucker
7 Eier
1 Päckchen Backpulver
200 g Mehl
100 g Schokoraspel

1 TL Zimt
⅛ l Rotwein
1 EL Rum
200 g Haselnüsse frisch
   grob gemahlen

Zubereitung

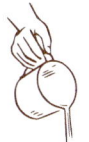

Alle Zutaten miteinander verrühren. In einer Springform (28 cm) oder Königskuchenform eine Stunde bei 175 Grad backen.

Den heißen Kuchen mit einer geschmolzenen Tafel Schokolade überziehen. Dadurch bleibt der Kuchen eine Woche frisch, wenn er nicht vorher einer Naschkatze zum Opfer fällt.

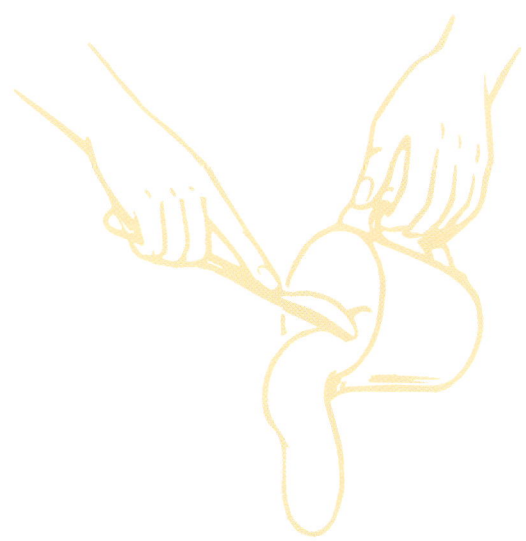

● **Lissy Traum, Altenstadt**

Rotweinkuchen mit Haube auf dem Blech

Zutaten

Für den Teig	Für den Belag
200 g Butter	6 Glatt Gelatine
200 g Zucker	2 Becher Schmand
3 – 4 Eier	100 g Zucker
250 g Mehl	1 Becher geschlagene Sahne
100 g Schokolade gerieben	Kakaopulver
1 Päckchen Backpulver	
⅛ l trockener Rotwein	
2 Gläser Sauerkirschen	
2 TL Kakao	
½ TL Zimt	

Zubereitung

Für den Teig alle genannten Zutaten verarbeiten und auf ein mit Alufolie belegtes Blech streichen. 2 Gläser entsteinte Sauerkirschen darauf verteilen. Auf der 2. Schiene bei 160 Grad und Umluft 25 – 30 Minuten backen und auskühlen lassen.

6 Glatt Gelatine einweichen, Schmand und Zucker verrühren und 1 Becher geschlagene Sahne unterheben. Diese Masse auf den Kuchen geben und Kakaopulver darüber streuen.

Zimt

Zimt wird bereits im Alten Testament erwähnt. In der Antike war er sagenumwobenes Heilmittel gegen Verdauungsbeschwerden, Husten und Halsschmerzen.

Die Zimtstange ist nichts anderes als die eingerollte Rinde des Zimtbaums. Den feinsten Ceylon-Zimt erkennen Sie daran, dass die Stangen von beiden Seiten eingerollt sind.

Gemahlener Ceylonzimt ist ideal für Zimtsterne und Zimtkuchen. Wenn nichts auf der Verpackung steht, handelt es sich um den preiswerteren chinesischen Zimt. Er ist dunkler in der Farbe und hat ein weniger intensives Aroma, weil die geschmacksarme Außenrinde mitvermahlen wird.

Am besten kaufen Sie Stangenzimt. Er bewahrt das Aroma am längsten, wenn Sie ihn in einer luftdicht verschlossenen Dose lagern. Bei Bedarf können Sie ihn dann im Mörser oder in einer Reibschale zerkleinern.

Wenn Sie gemahlenen Zimt kaufen, immer fest verschließen und nie im Gewürzbord über dem warmen Herd aufbewahren. Besser dunkel und kühl.

Das zart-süßliche Zimtaroma harmoniert gut mit Vanille.

● **Dorit Möller, Gießen-Rödgen**

Rotweinkuchen

Zutaten

150 g Margarine
150 g Zucker
250 g Mehl
3 Eier
½ Päckchen Backpulver
100 g Schokodrops oder Schokostreusel
1 TL Zimt
1 Päckchen Vanillinzucker
1 EL echter Kakao
1/16 l Rotwein

Zubereitung

Margarine und Zucker schaumig rühren. Nach und nach die Eier und die anderen Zutaten zugeben und gut verrühren. Schokodrops unterheben. Eine Kastenform einfetten, mit Paniermehl bestreuen und den Teig einfüllen.

Bei 180 Grad 60 Minuten backen. Nach Belieben mit weißem Zuckerguss, Schokoladenglasur oder Puderzucker verzieren.

● **Ursula Senftleben, Darmstadt**

Schokoladentorte

Zutaten

Für den Tortenboden	**Für die Schokoladencreme**

Für den Tortenboden

150 g Butter od. Margarine
3 Eiweiß
150 g Mehl
60 g Zucker
1 Päckchen Vanillinzucker
1 TL Backpulver
1 Prise Salz

Für die Schokoladencreme

2 Pfund Magerquark
1 Becher süße Sahne
150 g Kakaopulver
3 Eigelb
150 g Instantkakaopulver
1 kleines Stückchen Kokosfett
1 Päckchen Puderzucker
100 g Marzipanrohmasse
etwas Puderzucker zum Ausrollen

Zubereitung

Butter, Zucker, Vanillinzucker, Salz und Eiweiß cremig schlagen. Mit Backpulver vermischtes Mehl unterrühren.

Zwei runde Springformen (ca. 25 cm) mit etwas Öl einpinseln, den Teig gleichmäßig auf beiden mit dem Teigschaber verteilen und im vorgeheizten Backofen 15–20 Min. hellgelb backen. Abkühlen lassen.

Vom Blech lösen, einen Boden auf eine Tortenplatte legen, Kunststoffrand darumlegen. Den anderen Tortenboden in 12 gleichmäßige Stücke mit scharfem Messer zerteilen und beiseite tun.

Für die Creme Quark verrühren, geschlagene Sahne und 3 Eigelb unterrühren, Kakaopulver unterheben. Die Creme auf den Boden streichen. Die zerteilten Tortenstücke des zweiten Bodens in Tortenform auflegen.

Schokolade als Tafel oder in Form

30% Kakaobestandteile, 14% Milchtrockenmasse, Milchfett, 50% Zucker, Aromen – das ist ein Rezept für Milchschokolade. Entscheidend für die Qualität ist allerdings das, was nicht an Zutaten auf der Verpackung steht: wie lange nämlich die Schokoladenrohmasse in der sogenannten Conche gerührt wurde. Markenhersteller rühren, also conchieren, die Masse in riesigen Stahlkesseln mitunter tagelang. Dabei bilden sich die köstlichen Aromastoffe, die gute Schokolade ausmachen – und der zarte Schmelz.

Wenn »edel« auf der Schokolade steht, muss sie mindestens 40% Kakao enthalten. Kenner behaupten, die Bitterschokolade mit 70% Kakaoanteil und wenig Zucker sei die beste. Sie wird als »extrabitter« verkauft. Doch ob edel oder süß – letztendlich kommt es auf den Geschmack an.

Osterhasen und Weihnachtsmänner aus Schokolade gibt es erst seit gut 100 Jahren, genau seit 1875. In diesem Jahr wurde die Milchschokolade erfunden. Und die ist nötig, um aus den Hohlformen die Figuren zu zaubern.

Übrigens: Gute Qualität können Sie beim Weihnachtsmann oder den Osterhasen hören. Wenn Sie das Ohr oder den Kopf abbrechen, muss es laut knacken.

Kakaopulver mit Puderzucker und etwas heißem Wasser sowie dem zerlassenen Kokosfett zu einer dickflüssigen Masse verrühren. Auf die Tortenoberfläche streichen. 4–5 Std. im Kühlschrank fest werden lassen.

Danach aus der Form lösen, Marzipanmasse auf Puderzucker ausrollen und Sterne ausstechen. Damit die Torte dekorieren.

● **Ute Lonsky, Eschborn**

Schwarzwälder Weihnachtstorte

Zutaten

Lebkuchen-Tortenboden

350 g Mehl

100 g Orangeat

100 g Zitronat

100 g gemahlene Haselnüsse

3 TL Lebkuchengewürz

1 TL Nelkenpulver

1 Päckchen Vanillinzucker

1 Päckchen Backpulver

½ l Milch

150 g Butter

2–3 EL Honig

4 Eier

300 g Zucker

1 Prise Salz

Für die Tortenfüllung

2 Glas Schattenmorellen

Kirschwasser nach Belieben

Speisestärke

½ l Schlagsahne

Sahnesteif

Schokoraspeln zum Garnieren

Zubereitung

Orangeat und Zitronat in der Küchenmaschine zerkleinern, ca. 100 g Mehl dazugeben. Danach alle trockenen Zutaten bis auf den Zucker verrühren. Milch, Butter und Honig warm und flüssig werden lassen. Eier trennen, Eiweiß steif schlagen und mit Eigelb und Zucker verrühren. Trockene und flüssige Zutaten verrühren.

In einer 28 cm Springform bei 200 Grad 20 bis 30 Min. backen. Nach dem Auskühlen in 3 gleiche Böden schneiden.

Von der Füllung einige Kirschen zum Verzieren zurückbehalten. Die übrigen Kirschen mit dem Kirschwasser erhitzen und mit Speisestärke andicken. Abkühlen lassen, auf dem unteren Torten-boden 2/3 verteilen. Mittleren Boden auflegen, Rest Kirschen und etwas Schlagsahne verteilen. Deckel auflegen, mit Schlagsahne, Kirschen und Schokoraspel verzieren.

Einige Stunden kühl durchziehen lassen.

Es gibt so Tage ...

... an denen mag man einfach nicht selbst in der Küche stehen und backen. Aber wo bekommt man dann Kuchen und Torten her, die – zumindest annähernd – so schmecken wie selbst gemacht? Richtig – beim Konditor im traditionellen Kaffeehaus.

Das erste deutsche Kaffeehaus wurde 1677 an der Zollernbrücke in Hamburg gegründet. 1686 folgte Regensburg, und 1689 eröffnete dann Jacob Thomas unweit des Römers die erste Frankfurter Kafeeschenke.

Seit der ersten Hälfte des 19. Jahrhunderts gibt es die Tradition, in Kaffeehäusern auch die Spitzenerzeugnisse der Konditorenkunst anzubieten. Als 1876 das **Café Laumer** in Frankfurt gegründet wurde, rollten noch die Pferdekutschen über das Pflaster, und eine freundliche »Lisbeth« in Spitzenhaube und weißer Schürze brachte den feinen Damen in einem großen Henkelkorb das Sonntagsgebäck ins Haus.

Café Laumer
Bockenheimer Straße 67
60325 Frankfurt
www.cafe-laumer.de

Süße Ecke

Süße Ecke
im Rathaus
63322 Rödermark

Süße Ecke

Süße Ecke
Marienstraße 39
99817 Eisenach

Wir setzen diese Tradition fort. Wir schätzen das Bewährte und für immer Gültige, aber wir geben auch neuen Ideen eine Chance und lieben das Lebendige. So werden unsere Konditoreispezialitäten nach alten Rezepten täglich in unserer Backstube frisch hergestellt.

Dem Besucher bieten wir in unseren Cafés einen behaglichen Treffpunkt, wo er freundlich bedient wird und sicher sein kann, nur das Allerbeste zu erhalten.

Die in diesem Buch präsentierten Kuchen und Torten wurden übrigens von unserem Konditormeister Gerhard Eyßen und seiner Mannschaft nachgebacken und in der Backstube des **Café Laumer** in Frankfurt fotografiert.